团队管理心理学

不懂聚人心，怎么带团队

钱力德/著

中华工商联合出版社

图书在版编目(CIP)数据

　　团队管理心理学 / 钱力德著. -- 北京：中华工商联合出版社，2019.12
　　ISBN 978-7-5158-2630-1
　　Ⅰ.①团… Ⅱ.①钱… Ⅲ.①团队管理-管理心理学 Ⅳ.①C93-051

中国版本图书馆CIP数据核字（2019）第 259215 号

团队管理心理学

作　　　者：	钱力德
责任编辑：	吕　莺　董　婧
封面设计：	周　源
责任审读：	李　征
责任印制：	迈致红
营销推广：	王　静
出版发行：	中华工商联合出版社有限责任公司
印　　刷：	河北飞鸿印刷有限公司
版　　次：	2020年5月第1版
印　　次：	2020年5月第1次印刷
开　　本：	710mm×1020mm　1/16
字　　数：	101千字
印　　张：	14.5
书　　号：	ISBN 978-7-5158-2630-1
定　　价：	38.00元

服务热线：010-58301130
销售热线：010-58302813
地址邮编：北京市西城区西环广场A座
　　　　　19-20层，100044
http://www.chgslcbs.cn
E-mail: cicap1202@sina.com(营销中心)
E-mail: gslzbs@sina.com(总编室)

工商联版图书
版权所有　侵权必究

凡本社图书出现印装质量问题，请与印务部联系。
联系电话：010-58302915

上 篇

防做木桶最短板

带团队就是聚人心 // 003

带团队,"团长"很重要 // 010

信念是团队成功基础 // 018

自信是团队攻坚克难的武器 // 025

忠诚是团队精神的根本 // 032

人在团队中,要做有心人 // 038

不做木桶最短板 // 045

遵守纪律齐步走 // 050

自动自发是进步的"阶梯" // 056

以感恩的心工作　// 061

要有"独门武器"　// 066

压力竞争促人奋进　// 071

常反省常总结　// 079

创新精神不可少　// 084

重视时间管理　// 091

跟上团队发展的脚步　// 099

下 篇

团结合作正能量

个人英雄主义要不得　// 107

团结合作以大局为重　// 112

宽容增进凝聚力 // 118

做人要有"底线" // 122

眼光放长远，方能成大事 // 127

"补台"不"拆台" // 131

"强强联合"的智慧 // 135

打造个人独特魅力 // 139

多和上司沟通 // 142

团队要有分享精神 // 147

团队沟通要做好 // 151

团队中的坚持与妥协 // 156

团队中情绪自控很重要 // 161

在团队中快速成长 // 167

团队要提高"可融入度" // 172

建立团队文化　//　177

团队要实现最佳组合　//　183

创造团队好氛围　//　191

增强团队团结　//　196

团队情感激励艺术　//　201

团队成长依靠员工成长　//　206

发扬团队的荣誉感　//　210

尊重团队成员　//　215

团队管理52招　//　220

上 篇

防做木桶最短板

带团队就是聚人心

说到带团队，很多企业老板都很头疼。地域、性格、习惯等都不一的人，怎么能很好地融合在一起？团队是一个组织，是为了达到集体目标而一起工作的人的集合。所以，团队怎么带？团员怎么相处？一系列都要解决好。如同每一群大雁都会有一只头雁，每一群狼都有一只头狼。

团队要有团队文化，团队文化包含团队共有的价值观、最高目标、行为准则、管理制度、道德风尚等。团员们不仅要在团队

文化指导下对团队有很高的忠诚度，还要有超强的凝聚力、执行力，团队需要形成好的体制，如同大自然中的草木，成员各有各的特点，合在一起才能点缀得团队万紫千红。团队中成员的性格可能会各不相同，但不影响团队有朝气蓬勃的面貌，即使有成员追求个性的发展，也不妨碍团队的整体发展。因为如果大家都是一种个性，就像满世界只开一种颜色的花，那世界还有什么美丽可言。

团队中的成员要互补促和谐，人没有千人一面，做事方法也不可能千篇一律，这是大自然的和谐之道。所以，带团队就是带人心，就是聚人心，这是很重要的问题。

团队管理者要想带人心、聚人心，首先要将成员的责任和权利落到实处。责任和权利本是相辅相成、相互制约、相互作用的。只有责任和权利对等，才能调动员工的积极性。也就是说成员负有什么样的责任，就应该具有相应的权利，同时应该取得相对等的利益。

心理学家认为，工作中，一个认为自己责任和权利落到实处的人，会受到一种心理暗示，那就是一定要把工作做好，他们不仅会认真对待工作，而且对工作充满热情。

有些员工认为自己责任和权利不对等，有责任没有权利。其实，权力与责任是互相依存的，二者相随相伴，不可分离，所以，从来就没有无权力的责任，也没有无责任的权力。

现代管理科学的一个重要内容，就是强调权力与责任的有机融合和相互制约，尤其重视责任对于权力的影响和制约。

员工在岗，所从事的工作就是责任和权利的体现。如果认为自己责任和权利不相符，于是不去追求上进，就永远不会成为一流的员工，因为这种工作态度是消极的工作态度。相反，如果认为自己所从事的工作非常重要，先把责任扛在肩全心全意地去对待工作，那么，相信相应权利能匹配，则一定会成为一名优秀的员工。

埃克在一家电脑公司担任业务经理，他领导的部门业绩相当突出，部门内每一个员工都对自己的工作充满了热情和骄傲。

然而之前这个部门的情况并非如此。那时候，部门内的员工大多对自己的工作感到厌倦，有些员工甚至已经做好了辞职的准备。

但是，埃克的到来使这一切发生了改变，他把每个人的责任和权利落到实处，自己以身作则，工作兢兢业业，对待工作也充

满激情。埃克的做法和他的这种精神状态感染着部门内的每一个员工,带动了他们并点燃了他们的工作激情。

埃克每天第一个到达部门,此后他会微笑着与每一个来上班的同事打招呼。在埃克的带动下,部门内的其他员工也都开始早来晚走,变得斗志昂扬,他们心往一处想,劲往一处使,凝聚力增加了,执行力提高了,部门的业绩节节攀升,埃克也获得了上级经理的认可,半年之后被提升为公司副经理。

领导者带团队要把合适的人放在合适的岗位上。《西游记》里猪八戒是一种类型的"员工",懒懒散散的,工作不积极;孙悟空是一种类型的"员工",工作能力强,但个性强桀骜不驯,有时不服从管理;沙和尚也代表了一种类型的"员工",即勤勤恳恳的"老黄牛式"的员工。

团队领导者要面对各种类型的成员,这些成员在团队中发挥的作用不同,适合的岗位也不同,因此把合适的人放在合适的岗位很重要,要做到人尽其才,扬长避短,才能充分利用成员们各自的特点,让他们在自己擅长的领域发挥作用。

用人用其长处,古来有之。孔子有三个著名的学生:子路、冉有、公孙赤,他们性格各异。子路鲁莽冲动,冉有谨慎,公孙赤则机敏，三人都很有才干。对于子路，孔子认为："千乘之国，可使治其赋也，不知其仁也。"对于冉有，孔子认为："千室之邑，百乘之家，可使为之宰也，不知其仁也。"对于公孙赤，孔子认为："束带立于朝，可使与宾客言也，不知其仁也。"

子路、冉有、公孙赤三人皆是栋梁之材，孔子对三人的"仁"，只言不知，寓意深含。这说明孔子看重他们才华后面的人品，即是否有仁爱之心。

领导者带团队还要勇于承担责任，不把困难、问题留给成员。工作中，关系到一个团队成败的往往不是成员们拥有的能力，更多的是领导者对工作的态度，也就是所谓的责任感。因此，领导者必须以身作则、身先士卒，才能激发团队成员的责任感，让所有人为了团队的目标而努力。

一家公司的营销部经理带领了一支由临时成员组成的布展队伍，参加某国际产品展览会。在展会开始之前，他们有很多事情要做，包括展位设计和布置、产品组装、资料整理和分装等，因此需要加班加点地工作。

但这支队伍中的大多数员工，和平日在公司时一样，不肯多

干一分钟，一到下班时间，就不见人了。经理要求他们加班，他们竟然说："没有加班费，为什么加班啊？"更有甚者还说："你不过职位比我们高一点而已，何必那么卖命呢？"

在展会开始的前一天晚上，公司老板亲自来到会场，检查会场的准备情况。当老板到达会场时，已经是凌晨一点，让他感动的是，营销部经理正和一名员工挥汗如雨地趴在地上，仔细地擦着装修时黏在地板上的涂料。

见到老板，营销部经理站起来说："我失职了，没有能够让布展的人都来工作。"老板拍拍他的肩膀，没有责怪他，而是指着那名员工问："他是在你的要求下才留下来工作的吗？"

经理说这个员工是主动留下来的，在他留下来时，其他人还一个劲地嘲笑他"傻"。老板听了，没有任何表示，只是招呼他的秘书和其他几名随行人员加入到工作中去。

参展结束后，一回到公司，老板就宣布那天晚上没有参加加班的员工扣半年奖金，同时将营销部经理提拔到高一级职务，一同加班的那名普通员工被提拔为安装分厂的厂长。

那些被扣奖金的员工很不服气，来找老板理论。

老板对他们说："员工应该把责任感时时记在心间。我通过这件事情可以推断出，你们在平时的工作中也不积极主动，没有团队意识，而那名加班的员工是一个有团队意识和责任意识的人，提拔他，是对他工作尽职尽责的回报！"

这个世界上，任何人都回避不开"团队"，也回避不开"责任"二字，只有拥有团队精神和责任意识，才能有所成就，才能最终成功。

管理心言

团队领导者要想聚人心，就要把成员的责任和权利落在实处。

带团队,"团长"很重要

带团队,"团长"很重要,负责任的"团长"更重要。人们常说:勇于承担责任的领导才是好领导。"好团长"会激发每一个成员的责任意识,使其承担起责任,同时人尽其用,做好整个团队工作,让团队成为优秀的团队,让每个成员的工作焕发出精彩。"团长"不仅是团队的主心骨,也是团队的精神核心。

团队中团长的责任意识首先体现在要有迎难而上、乘风破浪、历险前行的勇气,否则,无法带领团队有大的作为。

工作不是游戏，工作是每个领导和员工的共同使命，企业老板都希望把工作交给责任心强的领导和员工，不负责任的人是企业老板"避之不及"的。

休斯·查姆斯在担任一家公司的销售经理时，曾面临过一次极为尴尬的情况：该公司的财务发生了问题，现金流接续不上。这件事被很多销售员知道了，于是一些销售员失去了对工作的热忱，销售量开始下滑。到后来，情况更为严重，公司不得不召集全体销售员开一次大会。

查姆斯主持了这次会议。首先，他点了以前的几位最佳销售员的名字，要他们说明销售量为何会下跌。这些被点到名字的销售员说了很多问题，比如，如今行业不景气、资金缺少，以及种种难推销的情况。当第五个销售员开始列举使他无法完成销售配额的困难时，查姆斯高举双手，要求大家暂停。他说："我宣布大会暂停10分钟，我想把我的皮鞋擦亮。"然后，他要求一个在会场旁的小工友把他的皮鞋擦亮。

在场的销售员都惊呆了，他们开始窃窃私语。那个小工友不慌不忙，上来先擦亮他的一只鞋，然后又去擦另一只，他娴熟的技巧，表现出一流的擦鞋水准。

团队管理心理学

皮鞋擦亮之后,查姆斯给了小工友一毛钱,然后宣布继续开会。

他说:"我希望你们每个人都好好看看这个小工友。他拥有在我们整个工厂及办公区内擦鞋的权利。他的前任和他岁数差不多,尽管公司每周补贴那个小男孩5元的薪水,而且工厂里有数千名员工,但他仍然无法从公司赚到足以维持他生活的费用。可是现在这个小男孩不仅可以赚到相当不错的收入,还不需要公司补贴薪水,他每周都可以存下一点钱来,而他和他的前任工作环境相同,工作对象也完全相同。现在,我问你们一个问题,前边小男孩没有得到更多的报酬,是谁的错?是他的错,还是咱们这些客户的错?"

推销员们不约而同地大声说:"当然是那个小男孩的错。"

"正是如此。"查姆斯说,"现在我要告诉你们,你们现在推销时的情况和一年前完全相同:同样的地区、同样的对象以及同样的商业条件。但是,你们的销售业绩却比不上一年前,这是谁的错?是你们的错,还是客户的错?"

会场安静了,最后传来雷鸣般的回答:"是我们的错。"

"我很高兴,你们能坦率承认是自己的错。"查姆斯继续

说，"我现在要告诉你们，你们的错误在于，你们听到了公司财务发生困难的传言，这些传言影响了你们工作的热情，你们不像以前那般努力了，责任意识松懈了。实际上，公司是大家的，如果大家不努力，公司也不会有好的效益。现在，请你们回到自己的销售地区去，并保证在30天内，每人卖出5台收银机器，这样，咱们公司就不会再发生什么财务困难了。你们愿意这样做吗？"

"愿意。"销售员们齐声回答。

一个月之后，销售员们曾经强调的种种理由——行业不景气、资金缺少等，仿佛根本不存在了似的，销售额有了大幅度提升，财务问题得到了解决，因为公司的销售成绩正在稳步增长。

好团长责任永远在肩，担责意味着对自己严要求，这是搞好团队的基础。

当护士一直是玛丽的梦想，她的邻居在医院担任领班护士，玛丽对其羡慕不已。这位邻居由于工作勤奋，认真完成自己的本职工作，多次获得荣誉称号。玛丽十分渴望能够像这位邻居那样做出成绩。

玛丽决定向她的目标迈出第一步——成为护士，到医院去工

作。但是玛丽进了医院后责任心很差，上班时间总是跟伙伴们一起叽叽喳喳地聊天，履行自己的护士职责时拖拖沓沓。当患者抱怨她时，她找各种理由为自己开脱，一次，玛丽没有及时赶到，患者想喝水喝不上，投诉了玛丽，玛丽仍给自己找了许多理由。终于，玛丽被院方辞退。

护士工作需要极强的责任感和团队意识，这是玛丽没有做到的。任何人要想在事业上有所成就，就必须做到工作高效、认真负责，而要想成功，就必须要有团队精神。人只有对工作负责任，才会对自己有高标准的要求，才会有好的业绩。

另一个护士则与玛丽形成鲜明对比，她用她的行动证明了什么是责任心。

在一所大医院的手术室里，有一个年轻的护士，她第一次担任手术室的责任护士。患者伤口就要开始缝合了，这个护士对外科大夫说："大夫，你只取出了11块纱布，可我们用了12块。"

"我已经都取出来了，"外科大夫肯定地说，"我们现在就开始缝合伤口。"

"不行！"年轻护士阻止道，"我们用了12块纱布，我确定还有1块纱布留在患者体内。"

"出了问题由我负责，"外科大夫严厉地说，"现在开始缝合！"

年轻护士激烈地抗议道："你不能这样做，我们要对患者负责！"

外科大夫微微一笑，举起了自己的左手，上面放着第12块纱布。外科大夫称赞说："你是一位合格的护士。"显然，他是在考验年轻护士是否具有对工作的责任心。

人不可以没有责任。因为扛着责任，就是扛着自己生命的信念。

香港著名实业家李嘉诚说："衡量成功的标准并不是看你向社会索取了多少，而是看你为社会贡献了多少！"团队领导要把责任扛在肩上，成员也要将责任根植于内心，让它成为脑海中一种强烈的意识，从而促使自己变得更加卓越。

一个人的责任感决定了他对待工作是尽心尽责还是应付了事。好团队是负责的团队，是创佳绩的团队。

所以，员工如果没有责任感，就算是做自己擅长的工作，也不会做得很好；团队没有责任感，工作就会是一盘散沙，即使成

员实力再强也得不到有效发挥。

罗恩盖了一辈子的房子,因敬业、勤奋而深得老板的信任。现在他年老力衰了,于是他对老板说,自己想退休回家与妻子儿女共享天伦之乐。

老板舍不得他,再三挽留,无奈罗恩去意已决,老板最后只好答应罗恩的请辞,但是希望他能再帮自己盖一座房子。罗恩答应了,他没有办法推辞。

然而,罗恩已归心似箭,心思完全不在工作上了。他对用料不再那么严格,做出的活也失去了往日的水准。老板看在眼里,但什么也没说。等到房子盖好后,老板将钥匙交给了罗恩。

"这是你的房子,"老板说,"我送给你的礼物。"

罗恩顿时愣住了,悔恨和羞愧溢于言表。他一生盖了那么多质量精良的豪宅华亭,最后却为自己建了一座粗制滥造的房子。

这就是没有责任心的结果。一个人没有责任心,失去的是一部分成绩,一个团队中人人都失去责任心,这个团队就不成为团队。

通常,拥有责任感的团长,具备以下几种特征:

1. 能够主动承担责任;把责任意识灌输于每个成员;

2．会为所承担的事情付出全部心血，也会为达到目标付出自己的全部努力；

3．为团队服务无怨无悔，不计较，不找借口，也不推诿责任。

管理心言

团队领导的责任感最重要，只有主动担责，才能为团队全心全意工作，成为合格的团长。

信念是团队成功基础

信念就像灯塔,指引着团队向正确的方向前进。

美国潘尼百货公司的老板吉姆·潘尼说,他父亲临终时,对他说:"我知道你一定会成大器的。"从此,潘尼开始为了自己能成功而不断努力奋斗——虽然那时他既无资产,也没有受过什么教育,但他怀着自己"一定会成大器"的信念,在艰难的环境下,最终成为拥有潘尼数十家连锁百货公司的老板。

在奋斗的过程中,每当感到困难重重或沮丧时,潘尼就会记起父亲的话，并下定决心无论如何都要克服这些困难。他一度把所有的钱都赔光了，那时他年纪已经相当大了，很多人在他那个年纪早已退休了。不过，他再度想起父亲的话，于是，他的内心便又充满了"摔倒了要爬起来"的信念。后来，他成功了，他的店铺开得比以前还要多，现如今，他的潘尼百货公司已成为美国著名的百货公司。

坚定理想信念，往往能产生非凡的效果。从理论上说，理想信念是价值观念，但不是一般的价值观念，而是处于价值观中的最深层次，是价值观的核心观念。这种理想信念，是人们所信仰、所向往、所追求的奋斗目标。

所以，坚定信念，首先要认识到，克服自己的问题最重要，因为人最大的敌人就是自己，很多人都会陷在自己的一种思维定势中，对成与败不能有正确认识，尤其是在与自己内心的信念与自身的软弱、懒惰等等一些因素做斗争时。

有一位青年由于受到职业问题的困扰，跑去找职业规划师。

这位青年大学毕业已经4年。职业规划师了解了这位青年目前的工作、教育背景和对工作的态度，然后问他："你找我帮你规划工作，那么，你喜欢哪一种工作呢？"

青年说:"这就是我要找你的目的,因为,我真的不知道自己想要做什么。"

职业规划师说:"我希望你明白,找工作以前,一定要先深入了解哪一行适合自己,然后从这个角度来规划自己要做什么,10年后希望自己成为怎样的人。"

青年沉思了一会儿,说:"我希望我的工作和别人一样,待遇很优厚,能挣到足够的钱,买一栋好房子,当然我还没深入考虑过这个问题。"

职业规划师说:"你现在的情况仿佛跑到航空公司里说'给我一张机票'一样,但航空公司除非你说出你的目的地,否则他们无法卖给你有目的地的机票。所以,如果你自己都不知道自己的目标是什么,别人根本无法帮你找到工作。你只有确定了自己的目标才能到达目的地。"

可见,只有确定了自己奋斗的目标,才能调动起"沉睡"在心中的那些优秀的、独特的品质,才能锻炼自己、造就自己,才能取得优异的成绩,才能登上事业高峰。而团队也是一样,目标明确,各成员才会共同向着目标前行,《爱拼才会赢》里有句歌词写得很好:"三分天注定,七分靠打拼,爱拼才会赢!"

1862年夏天，诺贝尔开始了把烈性炸药改造成安全炸药的实验研究。这是一个充满着危险和牺牲的艰苦历程，死亡的阴影时刻都在笼罩着他。

他在进行一次炸药实验时还是发生了爆炸事件，实验室被炸得无影无踪，5个助手全部牺牲，连他最小的弟弟也未能幸免。但是，诺贝尔坚定自己的信念，百折不挠，他把实验室搬到市郊湖中的一艘船上继续实验。

经过长期的实验研究，他终于发现了一种非常容易引起爆炸的物质——雷酸汞，他用雷酸汞做成炸药的引爆物，最终成功地解决了炸药的引爆问题，这就是雷管的发明。

人的理想信念贯穿于人的精神生活之中，它来源于现实又高于现实。人若没有理想信念，就会失去精神核心和灵魂，团队没有共同的理想信念，团队就称不上是合格的团队。

法国微生物学奠基者巴斯德，为了战胜袭击整个法国的疾病，连续坚持工作了五年。

在这期间，他的父亲和两个女儿先后去世，他本人又得了中风导致瘫痪，但在巨大的压力下，他仍然坚持科学研究，有时甚至每天工作18个小时，最后终于找到了细菌消毒法，使法国人民

战胜了疾病。

巴斯德后来欣慰地说:"通过我个人的努力,防止了一场危及全国的灾难。"法国人民为此专门给他塑了一座塑像,以铭记他对祖国对人民的贡献。

信念会在人的心中悄然萌芽,不断长大。古今中外,有多少伟人一生都坚持着自己的信念。哈佛大学的伯顿·怀特博士曾以"信念"为题做过一次演讲。怀特博士说,很多人由于小的时候没有接受过信念的教育,长大后不容易养成"确立目标"的习惯,所以,他鼓励老师们在教授低幼年级学生时,尽量为学生安排一些需要确立信念而且容易获得成功的项目,使学生有机会体会到确立目标并坚定信念将其实现的快乐。这种信念必须是学生能够坚持,同时又能够引起他们的兴趣,激发他们的创造性的。

团队信念,是团队内全体成员形成共识的思想、意识。团队信念建立在各成员对团队目标的一致性上,即能够果断行动、团结一致。而高效团队最重要的信念是什么?是信任,是相互配合共同向着目标前行的决心。团队成员如果缺乏共同的信念,只靠金钱维系关系,这样的团队就像缺乏地基的大楼,盖得越高,危险越大，早晚会轰然倒塌。

领导者要针对团队的实际情况，冷静地研判本部门或者本公司过去和现今的发展状态，建立起正确的信念，并且让全体成员真正心悦诚服地接受，并在此基础上，形成一种强大的团队荣誉感，将成员的个人利益与团队的利益完美地融合在一起。团队信念如果不能被全体成员认可，成员之间行动方向就会不一致，团队也就谈不上有凝聚力和向心力。

团队信念在管理者组团队时必须清楚，目前情况以及未来会如何发展；团队组人的基本要求，还有哪些困难没有得到解决的；有没有被忽视的隐患和潜藏在表面的繁荣背后的风险。团队管理者倘若组队时看不清眼前的现实，或是忽略正在发生的事情、遗漏微小但逐渐扩大的问题时，很难想象他可以将一群人带上互利与共赢的团队之路。

对于所组的成员，管理者虽然很难做到知根知底，但可以多了解多倾听，知道团员们在想什么，这样可以精准地为团队制订有效的管理方案，这是构成团队凝聚力的基础。同时管理者也会获得成员的尊重与认可，并且收获成员们最真诚的友谊。

一个团队需要一个基于共同文化和信念的目标，团队的领

导者要制定与本团队利益相符合的管理目标。团队的合作意识很强，因此，坚定信念，统一行动非常必要。

 管理心言

　　团队信念，是团队全体成员形成共识的思想和意识。

　　团队统一信念，才能激发出成员们各自的工作激情。

自信是团队攻坚克难的武器

生活中绝对的公平是没有的，有钱有地位的人也是靠自己奋斗才成功的，普通的人只要努力也可"撑出"一片灿烂的新天地。

团队中自信的力量非常重要，自信是实现目标的基础。团队成员能力各有千秋，但都不能失去自信，不能失去改变现状的勇气。自信会让工作态度积极向上，自信的工作态度是团队无比珍贵的财富。

小王毕业后去了西部一座小城的居委会工作。在这个城市里，贫困户在年前可以获得居委会的一些帮助。小王与同事们背着大米与食用油等挨家挨户地走访这些人家。这些人家家里普遍都很简陋，当他们顺着地址敲开了又一家的家门时，小王他们以为，一定是走错了。

这一家窗明几净，有冰箱，有洗衣机，有漂亮的窗帘和门帘，有摆放得很整齐的书籍……这家的男主人几年前病逝，家里欠下了很多债。两个孩子中还有一个是残疾。女主人靠一份薪水养三口人，还要还债，经济状况可想而知。但女主人脸上始终挂着笑容，她说，冰箱、洗衣机都是居委会把别人淘汰下来的二手送给她家的，用起来也没什么问题；孩子懂事，做完功课还帮她干家务……这时，小王他们发现那漂亮的门帘是用纸做的，那些书全是孩子用过的教科书，灶间的调味品虽只有油和盐，但油瓶和盐罐擦得发亮。最让小王肃然起敬的是进门时女主人递给他的拖鞋，那双鞋的鞋底已经磨得很薄了，但是女主人却用旧毛线在鞋帮上织出了漂亮的图案，穿着好看又暖和。

小王一行人在这户人家停留了10多分钟，他们认为，这一家确实贫困，但这家人却不甘于贫困，对生活充满希望。小王他们深信，这家人会很快摆脱贫困，因为他们虽然物质贫乏，但精神不萎靡，对生活充满了信心。

有些人面对工作会产生畏难情绪，于是，他们不再努力，心灰意冷，失去了奋斗的动力；还有些人很自卑，认为自己不可能成功，于是，他们还没有开始奋斗，就已经被困难吓倒了！人要想改变这种状态，除了恢复自信心，"赶走"脑海中的畏难、悲观想法，别无他法！

一位心理学教授曾遇到过一个"不幸"的青年。这个青年是大学毕业生，身材很魁梧。他说："要不是我的父亲每星期给我钱，我准会挨饿。"他尝试干过许多工作，但都以失败告终。他说："我不相信自己的能力，因为我从事了那么多工作，都失败了。"而这位心理学教授却诊断这个青年是"因为不自信，所以才无法走上工作的正轨"。

在过去的20年里，"娃哈哈"应该是大部分中国人都熟知的品牌。事实上，"娃哈哈"的产品几乎已覆盖中国的每一个地方。这个从校办企业起家的企业，如今的影响力不容小觑。"娃哈哈"的发展史是一个白手起家的故事，是一个勇敢拼搏的故事。故事的主角就是"娃哈哈"的领头人——宗庆后。

宗庆后出生于杭州，中学毕业后，为减轻家庭负担，身为家

团队管理心理学

中长子的他来到条件艰苦的舟山盐场工作。一年后，他又辗转到了绍兴。1979年，宗庆后回到了阔别多年的故乡杭州，由于文化程度低，他被安排在一所小学里当校工。

1987年的一天，"娃哈哈"的前身——杭州市上城区校办企业经销部成立。42岁的宗庆后带领两名退休老师，靠着14万元借款，以代销汽水、棒冰及文具纸张起家，开始了艰辛的创业历程。1989年，宗庆后成立了"杭州娃哈哈营养食品厂"，开发生产"娃哈哈儿童营养口服液"，结果产品一炮打响，走红全国。1990年，成立只有三年的"娃哈哈"产值突破亿元大关。此后，经过多年的发展，"娃哈哈"成为贡献利税几十亿元的中国最大的食品饮料生产企业、全球第五大饮料生产企业。

"上天"无意让任何人甘于平庸。当人坚定意志，一往无前地朝"成功"的目标迈进时，就没有任何障碍可以阻挡他的脚步。因为强大的信念可以给予人无穷的力量。

人一定要有坚定的信心，敢于同自己的畏难情绪做斗争。团队也是如此，只有团员人人不怕困难，才可能朝着共同目标前进。成功都是奋斗得来的。

现如今，团队中有一些人没有自信心，他们找各种借口为自

己开脱,他们的借口就像"万能药",敷衍别人、掩饰过失,成为推卸责任的"挡箭牌"。借口仿佛他们的"家常便饭",需要拿来就用,而团队执行最忌找借口。

下面的对话你也许不会陌生:

A:"这样做太冒险了,出了问题谁来负责?"

B:"我是计划的倡议者之一,如果计划失败,我去向老板交代。"

在这两个人中,你希望你是前者还是后者呢?

工作中,有成绩时常常有许多人争先恐后地抢功劳,出现问题后很多人往往习惯性地寻找各种貌似合理的借口来推脱责任,诸如:

"都是因为其他人不配合才把事情搞砸的;"

"我尽力了,但那个客户太难搞了,我也没办法;"

"这不关我的事,我是按照领导要求做的,出现这种结果,不该由我负责;"

"要不是因为堵车,我不会迟到的;"

"本来不会出问题的,都怪××乱插一杠子;"

"原本我是打算这样做的,但是——"

……

洛克菲勒认为，找借口是一种"思想疾病"，而患有这种严重"病症"的人，无一例外都是缺乏自信的人。这些人不想有任何作为，也不曾计划要有一番作为，他们经常会有一箩筐的理由来解释自己为什么没有做到、为什么不做。

借口让他们消极颓废、不思进取，做事畏首畏尾、丧失主动性和创造力；借口让他们不思反省，犯过的错误依然再犯，永远不会进步。这种消极心态不仅剥夺了他们成功的信心，而且会影响整个团队，长此下去，团队中的其他人也会失去自信，成为阻碍团队发展的绊脚石。

然而，为什么寻找借口的行为会普遍存在呢？

心理学家认为，人对于承认错误和承担责任往往怀有一种畏惧感。许多人认为，承认错误就意味着要接受惩罚，承担责任就意味着自己会多一分风险。

在现实工作中，一个不争的事实是：大多数人希望自己能够安稳顺达，他们并非不想承担责任，只是不希望冒险的意识总是占据"上风"，于是他们的脚步犹犹豫豫；他们也并非喜欢说谎话找借口，只是有时候太顾及"脸面"，于是失去了诚实。

而当人找借口越多，犯错误就越多，工作能力就越差，团队战斗力就越弱，长此以往，当找借口成为一种习惯，团队中的凝聚力就会减弱，"拆台"胜过"补台"。

自信与自立，是获得理想人生的基石。为了获得理想的人生，首先要调整好心态，树立自信心。我们常能在一些虽然贫穷、不幸却仍然努力奋斗的人身上发现这种品格，这些人不向贫穷低头，也不向不幸弯腰，他们选择坚强勇敢，选择为了改变自己的命运奋斗不止。

管理心言

人可以能力差，但不能失去自信。有坚定的信心，才敢于同自己的畏难情绪作斗争。团队自信心是建立在所有成员自信基础上的，团队失去自信，"拆台"就会胜过"补台"。

忠诚是团队精神的根本

团队成员，除了要有共同的目标、过硬的专业技能外，还需要具备一项基本品格——忠诚。

如今，有些人为了获取更多的薪水而不断"跳槽"，把"跳槽"前的工作作为向所谓"更好的"工作发展的"垫脚石"；还有些人因不能如愿顺利升迁而无端诋毁得到升迁的同事，破坏团队和谐，阻碍工作进程；更有些人无视团队纪律，为获私利而将团队机密透露给竞争对手，造成团队重大损失，等等，这些都是违背忠诚原则的行为。

拿破仑说：一个不忠诚的士兵，就没有资格当士兵。同理，在团队中，不能坚守忠诚原则的成员，就没有资格成为团队中合格敬业的员工。

那么，如何才能成为一名忠诚的员工呢？

1. 树立忠诚的态度

（1）不要简单地把忠诚视为一种单方面的付出，忠诚是相互的，而忠诚于工作，是一个人自身生存和发展的重要基础。

很多人认为忠诚只是企业的需要、团队的需要，工作的需要，是企业、团队使员工心甘情愿为其服务的手段，这是一种认识误区。实际上，忠诚是员工责任心的高度体现，是本分做人、踏实做事的具体表现，忠诚的受益人不仅仅是企业、团队，更是员工自己。

比如，一个团队做一个项目，如果每个人都忠诚于团队，团队的向心力就强，完成任务的效率就高，创造的价值就大。相反，团队中的成员各自为政，不仅会使任务的完成效率低下，而且由于"内讧"，甚至会使项目"流产"，或出现互相推诿的现象，进而造成整个团队的不稳定、不团结。

表面上看，员工忠诚是在为企业为团队创造价值，但实际上，对企业忠诚，对团队忠诚，可以为员工自己创造更大的个人价值。忠诚可为员工赢得好名声、好形象，这完完全全是属于员工自己的，是员工个人的"私有财产"，也是其立足企业、立足团队的最有效的"名片"。

所以说，忠诚是企业的需要，团队的需要，也更是员工自己的需要。

（2）最大化的自我实现与忠诚并不对立，而是相辅相成。

在现今竞争激烈的时代，在鼓励个人发展的社会大环境中，谋求个人利益最大化、实现自我价值最大化是大多数人明确的目标和追求。我们常常看到这样的情况：在面临抉择或诱惑的时候，一些员工"背叛"了企业、团队而忠诚于自己的成就欲望。他们认为实现自我价值与忠诚企业、忠诚团队是相互矛盾的，是不相容的。但实际上，最大化的自我价值实现与忠诚、企业、团队并不对立，而是相辅相成的。

忠诚可以使员工与企业、团队之间建立起绝对的信任关系，只有绝对忠诚的员工，才能被企业、团队所信任、所接纳，企业、团队才能为其提供更广阔的舞台，来施展其自身的才华，证明其自身的价值，使其自身有更多的机会来最大化地实现自我价值。

2．忠诚不仅是尽心尽力干好自己的工作，也是团队精神的体现。

作为企业、团队中的员工，对自己工作忠诚是表现最基本的忠诚，因为，对企业忠诚、对岗位忠诚，对团队忠诚，最终都要落实到对工作的忠诚上，即履行自我职责是最大的忠诚。忠诚是行动，不是口头上说说而已。员工对工作的忠诚具体体现在以下几个方面：

（1）有奉献精神。忠诚的员工不会在个人利益上斤斤计较，不会以报酬来衡量自己的付出。他们更看重的是能为企业、能为团队做多少工作、做多少贡献，是否有能力提升、是否有经验积累及发展的机会。

（2）视企业、团队为家。忠诚的员工会发自内心地热爱自己的企业、自己的团队，即使在无人监督的情况下，也会主动维护企业、团队利益，全心捍卫企业、团队形象，与破坏企业、团队形象、损害企业、团队利益的人做斗争。

（3）忠诚的员工绝不会滥用职权或利用职务之便为自己谋取私利。他们不假公济私，公是公，私是私。

（4）执行任务不讲条件。忠诚的员工不喊口号，而是要以优秀的工作成果来证明自己。他们无论遇到多么困难的任务，都敢于接受挑战，执行任务不讲条件。

（5）失败后不找借口。忠诚的员工勇于承担责任，工作中不推诿，出现失误或失败时不找任何借口推卸责任，他们只会从自身找原因，找到问题会很快改进。

（6）与企业、团队共命运。企业、团队遇到困难时，忠诚的员工能积极为企业、团队分忧，一如既往地坚守自己的岗位，恪守职责，与企业、团队共渡难关，而不是在企业、团队遭遇困难时，或"跳槽"，或等待，或观望，一副"事不关己，高高挂起"的样子。

所以，忠诚工作职责，忠诚于企业、团队，是对员工最基本的要求，也是最重要的要求。

卢浮宫内藏有一幅莫奈的油画，画的是女修道院厨房里的场景。

画面上正在劳动的不是普通人，而是一群天使。她们中的一个正在炉上烧水；一个正优雅地提着水壶；另一个穿着厨娘的服饰，手拿餐具——这些虽是日常生活中最平常的劳动，但天使们却做得全神贯注、一丝不苟。

忠诚就是对待工作认真负责。在职场成功必须具备的核心品格中，"忠诚"的位置是最高的。忠诚是互相的，它不只是表现在员工对企业、团队方面，也体现在企业、团队对其成员方面。比如，下级对上级要忠诚，上级对下级也要忠诚；员工对企业、团队忠诚，企业、团队对员工也要忠诚，当然，员工对客户、对合作伙伴更要忠诚。

做人为什么要忠诚？因为忠诚是人与人之间合作的基本条件，也是形成一个和谐、团结、有战斗力集体的有力保证。

中国有句俗语叫作"军令如山"，即军令就如大山一样威严、庄重、不可侵犯。当企业、团队下达了"号令"，成员们必须步调一致，忠诚不贰，严格的纪律，让企业、团队做到统一领导、统一指挥、统一前行，此乃为团队取胜之道。

管理心言

忠诚是人与人之间合作的基本条件，也是形成一个和谐、团结、有战斗力集体的有力保证。

人在团队中，要做有心人

在工作中，许多人追逐"眼前利益"时，往往忘了周围的人。

团队是个小社会，也是个小集体，如果成员都能够做个有心人，处理好与团队关系、与上级关系、与同事关系，那么团队就能取得成功。因此，人在团队中，要做个有心人，与其他成员携手合作，这样的人是每个团队都渴望的理想人才。而要成为有心人，要注意以下几点：

1. 不要"拉帮结派"。

"拉帮结派"是一种搞小集团、不团结的表现，不但不利于个人发展，而且这种小集团往往"一损俱损"。许多企业、团队都非常反感"搞帮派"的人。因此，员工在工作中，要坚守底线，分清是非，不搞"拉帮结派"，要把精力放在工作上，互相配合，不拆台。

2. 不要斤斤计较。

斤斤计较者多是为了一些鸡毛蒜皮的小事，或者因太过在乎个人得失而无法将精力与热情有效地投入到工作当中，从而影响工作的效率。团队成员，要学会正确对待"利益"与"吃亏"，正确看待"舍"与"得"，懂得"吃亏是福"的道理，让心胸宽广一些，多一些大局意识，少一些个人算计。

3. 不要在背后议论他人。

背后议论他人，与其说是一种坏习惯，不如说是一种道德缺失的表现。每个人都有所长，也有所短，背后议论他人不仅是在放大自己的缺点，也是不负责任的表现，会影响团队的和谐。

4. 不要与他人"称兄道弟"。

同处一个团队，每个人各有分工，大家也都有"地位"之分，不要和同事"称兄道弟"，工作就是工作，不能有个人丝毫感情掺入，工作之余，大家可以共叙友情。

5．不要阿谀奉承。

阿谀奉承是一种虚伪的表现。有些人为了达到某种目的而虚伪地"奉承"领导、同事，殊不知被奉承者有自己的是非标准。一味地阿谀奉承，不如多做几件实事。团队中如果阿谀奉承的人很多，就会影响工作的正常秩序和风气，进而影响整个团队的工作效率。

6．闲话要少说。

在工作场合经常说闲话，绝对会有损一个人的形象，有时候闲话就像"职场炸弹"，引发矛盾冲突。所以，闲话要少说，避免被他人误解，或者产生纠纷。

7．不要过于刻板。

同处工作场合，大家都是同事。同事之间，不要过于刻板，总是一副"苦瓜脸"或一副"凡事就这样，不能灵活变通"的样子，会影响与他人的交往与沟通。

8．不要"四面树敌"。

在工作场合最忌讳"四面树敌"，面对工作过程中的冲突和摩擦，要采取就事论事、对事不对人的态度。"树敌"只能带来烦恼，既破坏个人情绪，又影响工作效率。因此，"四面树敌"是不理智的做法，更是工作中的大忌。

9. 不要随意发牢骚。

职场是工作的场合，牢骚尽量少发，要多调整心态，平和处事。即使遇到难题、问题，也要冷静待之，否则，总发牢骚破坏战斗力，影响工作，若再被上司、同事听到，又影响团队团结。

10. 不要夸夸其谈。

夸夸其谈会让他人觉得你是一个非常自大、肤浅的人。要明白"山外有山，人外有人"的道理，多向他人学习，既提升自己，又能和他人友好相处。

11. 注意礼貌，多用礼貌用语。

讲礼貌是一种尊重他人的表现，也是一种高尚的品德。在工作中要讲礼貌，多说礼貌用语，这样不仅能尊重他人，还能为自己提高声誉，何乐而不为？

12. 要懂职场礼仪。

在职场中，你怎样说话、怎样沟通甚至你的一举一动，都会被人看在眼中。因此，要做一个懂礼仪的人，懂职场礼仪的人，为人处事落落大方、亲切随和。

13. 要谦虚低调，向他人学习。

"三人行，必有我师。"虚心才能取得进步，低调才能赢得成功。懂得谦虚低调，是一种做人做事的正确态度，也是一个人极为宝贵的品质。

14. 要谨慎做人，不可狂妄。

做事要谨慎，经常三思，经常反省自身，可以克服缺点，总结经验，为以后做工作少走弯路提供借鉴。

15. 诚实守信，坦荡无私。

诚实守信是做人的第一要求。身处职场，诚实守信会让人变得更有魅力。而爱说谎、常食言的人则很难让人信任。

16. 团结至上，"补台不拆台"。

如今是"团队至上"的时代。在工作中，团结精神非常重要，它不仅是团队和谐的基础，更是协调工作、提高做事效率的关键，因此要做到"补台不拆台"，积极配合他人的工作。

17. 学会赞美，尊重他人。

赞美不是阿谀奉承，而是对他人的发自内心的尊重和欣赏。

赞美他人，同样能得到他人的尊重。即使批评他人，也要先肯定其优点、长处，再委婉指出其不足。而对于有些人，与其批评，不如赞扬，使其主动发现缺点，主动改进。

18. 学会取舍，学会选择。

"鱼与熊掌不可得兼"，凡事都要学会取舍，学会选择。俗话说：有舍才有得。只顾眼前利益者，必定做不了大事。所以，千万不要做"捡了芝麻，丢了西瓜"之事，更不要为了蝇头小利而破坏了自己的前程。

19. 善于控制自己的情绪。

良好的自控力是自我修养高的一种表现。人要善于控制自己的情绪，不做职场中的"炸药包"，特别要避免自己的"火气"伤到他人。

20. 坚持集体利益至上的原则。

工作的目的是展示自己的才华，最大程度地实现自己的价值，也是为了企业、团队自身的发展，所以，员工要维护集体的利益，因为任何企业、团队都需要顾全大局、坚持集体利益至上的员工。

现代企业离不开团队，团队中人与人之间的关系既要互相配合，又要以工作为重。只有相互配合、相互协调、相互帮助、相互学习，才能组成一个和谐的团队，更好地完成各项工作。

管理心言

如果团队成员都能够做"有心人"，处理好个人与团队的关系、与上级关系、与同事关系，那么，团队就能取得成功。

不做木桶最短板

过去盛水的木桶是由许多块木板箍成的，盛水量也是由这些木板长短共同决定的。若其中一块木板很短，则此木桶的盛水量就会被短板所限制。这块短板就成了这个木桶盛水量的限制因素（或称"短板效应"）。若要使此木桶盛水量增加，必须换掉短板或将短板加长。人们把这一现象总结为"木桶原理"，又称"短板理论"。

"木桶原理"很适用于团队管理，团队是一个整体，一个人落后就会拖整个团队的后腿。

知识可以使人聪慧，让人更具竞争力。所以说，知识改变命运，学习改变人生。员工要想不做"木桶"最短的那一块"板"，持续不断学习非常重要。

在团队中，知识和技能的获取主要靠自己的主观能动性。努力学习、掌握知识是通往成功的必由之路。

团队学习的目的是协调成员关系，促进成员之间的合作，从而更好、更快地实现组织的目标。团队成员整体学习，会使团队得到更大的进步，焕发出更新的活力。

当今社会，职场竞争激烈，知识更新周期缩短，人一旦不学习就容易跟不上形势，还有可能被社会淘汰。所以，拥有先进的知识结构和出色的技术能满足企业、团队的迫切需要。团队绝不能停留在成绩面前，不继续努力，否则，一样会被其他团队淘汰。

有个穷孩子，从小到大只上过三年学。后来，他的父母双双病倒，无奈之下，他只好到城市里打工。

在老乡的介绍下，他去了一个建筑工地干力气活，每天工作十二个小时，只赚二十块钱。他做的工作不仅是工地上最累的，而且也是最没有技术含量、工资最低的。当他得知一名瓦工一天可以赚八十块钱、一名电焊工一天可以赚一百块钱时，他才知道自己与他人的差距。

他一边辛苦工作，一边向身边的师傅"取经"。他踏实努力、勤奋好学，逐步掌握了泥瓦工和电焊工的技能，工作换岗，薪水也上涨了一些。

后来，他又利用业余时间去学习，希望掌握更多的技能，以便在城市立足。

他报了夜校学习烹饪，经过努力，他拿到了厨师证，先在一家餐馆工作，后到了一家酒店。昔日的穷孩子，成为一名高级厨师。建筑工地上的许多人都感到惊讶，称赞他不一般，是个能成大事的人。

学习是提高竞争力的最有效手段。一个有竞争力的人不在于他有多高的学历，而在于他是否有持之以恒的学习力。学习的人总是能得到许多发展的机遇。

李桥大学毕业后，进入职场做文职工作。她有一股不服输的精神，下决心一定要通过自己的努力把工作做好。

李桥看到自己的公司常与外国人打交道，于是利用业余时间努力学习英语，并且通过了托福考试；得知公司对后勤管理的要求是要懂社会心理学，她又报了心理咨询师学习班。

李桥不断地学习，掌握了一项又一项有用的技能。俗话说：技多不压身！她成了公司"最好用"的员工。在领导的心目中，这个员工"无所不能"。

一次，李桥陪领导去国外考察市场，翻译有事去不了，李桥毛遂自荐，全程充当翻译，还策划了让公司多赢利的方案。回国后，领导调李桥去了公司翻译处，专门从事公司的外事工作。

通过学习提高技能，是提升自身素质的最好途径。团队更要提倡学习，让所有成员共同进步。团队中的管理者不能仅仅器重某些"明星"员工，而忽视对"短板"员工的利用和引导，这样做很容易打击团队整体的士气，从而使"明星"员工的才能与他人配合不相符，导致团队合作失去平衡。想要避免这个问题，管理者就需要多关注团队中普通员工，特别是对那些"短板"员工要多一些鼓励，引导他们自觉学习，提高业务水平。

比尔·盖茨说："即使失去现有的一切财产，只要留下这个团队，我能再造一个微软！"杰克·韦尔奇说："哪怕通用电器所有的工厂一夜化为灰烬，只要能有50名核心骨干，我能在一年内再造一个通用。"

优秀的团队都重视成员整体学习，也提倡学习风气。鼓励各种形式的学习、沟通，信息共享，以便在日趋紧张激烈竞争面前能团结作战、统一行动、创造奇迹。

团队管理者要把团队建设成学习型团队，这样一方面可以保证团队的生存、发展，优化团队具备不断改进的能力，提高团队的竞争力；另一方面，可以实现成员与工作的真正融合。团队管理者还要开发成员的潜力，挖掘出他们的优势，让成员在团队精神的感召下变得更强、走得更远。

一个团队只有通过不断学习，拓展与外界信息交流的深度和广度，提高竞争能力，才能立于不败之地。

知识改变命运，身在职场，要活到老、学到老。

管理心言

知识可以使团队发展得更好，让团队更具竞争力。

遵守纪律齐步走

孟子说：不以规矩，不成方圆。一个团队没有纪律的约束，成员工作各行其是、没有秩序，会导致工作绩效差，上班迟到早退，态度不端正，行为随意，口出恶语，做事拖拖拉拉等行为，不能树立正面的团队形象，团队只是一盘散沙。

纪律是什么？纪律就是规则，是要求人们遵守已确定了的秩序、执行下达的命令和履行自己职责的一种行为规范，是用来约束人们行为的规章、制度的总称。

世界著名的英特尔公司把"注重纪律"列为公司六大价值观之一，表现出世界级大企业对纪律的极端重视。在英特尔公司，每一名员工、团队成员，遵守纪律是一项最基本的要求，不可等闲视之。

许多人认为，迟到早退、随便请假、偶尔旷工等，只要不影响工作，其实没什么，甚至对团队强调纪律的行为还会有一些不满。但他们忘了，团队是"齐步走"的，任何破坏团队的行为都会拖团队的后腿。实际上，团队有纪律才会让员工的工作更有效率，才能更充分地调动员工的积极性，使其做好应该做的事情。

如果一个团队不讲纪律，团员松松垮垮，个人意志凌驾于集体利益之上，是打不了"硬仗"的，整个团队也做不大，走不长远。纪律是保证团队长久发展、健康成长、保证个人与集体步调一致的有力"武器"。

团队成员不仅受纪律的约束，同时还要自律。那么，要想成为一个遵守纪律的员工，就要做到哪几点的？

1. 树立纪律意识，遵守规章制度。

遵守纪律首先是对组织的目标、核心价值观及文化特征的认同与身体力行。

"和气为贵，顾客至上"是世界著名的希尔顿饭店始终坚持的经营理念。

一次，一位经理在解答顾客问题时态度生硬，与顾客争吵起来。希尔顿先生得知后，立刻解雇了这位经理。经理不服气，去找希尔顿先生理论，然而希尔顿先生严厉地说："你违反了公司纪律——不允许与顾客顶撞、争吵，因此，即使你再有理由、再优秀，也不适合待在这里。"

违背团队的价值理念和经营政策，就是不遵守团队纪律的表现。上述案例中的经理无视纪律的行为损害了公司的利益，也最终让他丢掉了"饭碗"。

认同团队纪律、坚定不移地践行企业、团队的价值观，是员工真正融入企业、团队、真心为企业、团队服务的体现。

其次，遵守纪律是指遵守规章制度、规则和程序，遵守公共道德规范。

企业、团队为了能够正常运转及发展壮大，往往会制定出一套适合自身发展实际的规章制度，它是企业、团队成功与失败经验的高度总结，是对同行业成功与失败经验的有效借鉴，对于本企业本团队员工适应特定的职场环境、顺利开展工作有很强的指导作用。

最后，遵守纪律指服从命令，按上级的指令和要求完成工作任务。

遵守纪律、服从指挥是企业、团队实现有序发展的基本前提。没有服从，就不能做到令行禁止；没有服从，就难有竞争力，也会危及团队及成员自身的发展。

2. 纪律是外在管理与自我约束的统一。

美国西点军校非常注重对学员进行纪律培养。为此西点军校有一整套详细的规章制度和奖惩措施。学员的纪律训练要经过长达一年的时间，以使纪律观念深深地根植于每个学员的大脑中。毕业后，几乎每个学员都培养出了强烈的自尊心、自信心和责任感，这些精神和品质让他们受益终生。

然而，在现实中，很多企业、团队不会有如此严格的纪律训练，纪律条文也仅限于出勤、岗位要求等方面，而员工做不到真正遵守纪律，纪律的效能也不能完全发挥出来。因此，要让员工意识到纪律的重要性，将遵守纪律的行为由被动变为主动。

3. 纪律在员工成长中具有无可替代的重要作用。

现今，许多员工在职场中表现出对纪律的忽视或漠视。

小王是一名刚步入职场的实习会计，一天，他向主任请假，要去报名注册会计师考试，主任批准了。

小王上午10点便离开了公司。下午3点的时候，部门经理找小王要一份报表，主任说："他报名还没回来。"并立即拨通了小王的手机，而此时小王却已经在回家的路上了。经理大为不悦："上班时间，怎么可以这么随便呢？连按时上下班都做不到，还能做什么重要的事情呢？"

后来，主任针对这件事情对小王进行了告诫和训导，使小王认识到自己所犯错误的严重性，受到了很大的教育。

把遵守纪律从被动变为一种自觉，这是每一个职场人必须经历的过程，也是必须认真对待的事情。遵守纪律既是为了企业、团队的利益，也是为了员工自己的利益。在职场中，不遵守纪律的结果就只能是被纪律所"抛弃"，被公司、团队所抛弃。

遵守纪律能带给员工如下好处：

（1）会帮助员工树立团队观念。

（2）会提高员工的工作效率，使其事半功倍地完成工作任务。

（3）会保证员工的职业安全，保证员工每日身心健康地履行职责。

（4）会保证员工不犯或少犯错误，让员工知道什么事情该做、什么事情不该做。

（5）会让员工赢得尊重与信任，获得更多职业发展的机会。

管理心言

遵守纪律是对员工一项最基本的要求，不可等闲视之。

自动自发是进步的"阶梯"

积极的员工不等待,而是自动自发地工作。

自动自发指不需要强制约束和管理,自己就主动参与工作和学习,这是一种积极向上的人生态度。

美国作家阿尔伯特·哈伯德曾围绕"自动自发"讲述了一个人如何很快进入自己的岗位、如何在社会上取得成功,他认为所谓"自动自发"就是在没有人要求的情况下自觉并且出色地做好自己的事情,将工作理念兑现为实实在在的行动。

很多时候，管理者出于工作的压力和一贯的工作方式，往往对员工缺乏鼓励和赞美；还有些管理者不能做到发现和激发员工的兴趣点，只知道催员工工作，出绩效。要知道，人在做自己感兴趣的事情时，其效率是远远高于按部就班完成事情的效率。再有激情的员工，也会有情绪低落的时候，也会有状态不好的时候，因此管理和激励对管理者来说是一个持续不断的过程，这一过程最大的效果是让员工能够自动自发去工作。

初入职场的小杨在工作初期遇到了很多困难，但他告诉自己：面对问题时，除了努力，什么都不想。小杨经常主动向他人请教。他自动自发的工作态度，领导看到眼里，同事也慢慢接纳了他。如今，他已成为公司中的王牌推销员。

小杨说："我也曾成天唉声叹气、愁眉不展，抱怨上天待我不公。有一段时间，我甚至十分懒散，整天做着发财梦，但是没有任何行动，'幸运'始终没有降临，我的幻想最终破灭了，我当时觉得前途一片黑暗。就在这时，我看到一本书，书上说：'天下没有不劳而获的事情，人生要靠自己主动去开创，你对人生付出多少，人生就会给予你多少。'我一看周围同事都在努力奋斗，没有谁整天发牢骚，于是我开始振作起来。当我改变态度后，我感到自己整个人都变了，也发现了工作中新的机会。我决定从推销员干起，我相信自己有能力克服任何困难。从此，'树立信心，自动自发去工作'就成了我的人生信条。我主动帮助同事，同事也在我遇到问题时帮助我；我主动向领导请教，领导也积极向我传授经验。我的人际关系好转了，"人脉"扩展了，工作也取得了大的进展。"

自动自发、积极进取的人，不会放过任何可能使自己成功的机会，他们不会等待运气"护送"自己走向成功，而是去努力争取更多成功的机会。他们可能会因为经验不足、判断失误而犯错，但是他们肯从错误中学习，这样，他们就会走向成功。而自动自发、积极进取的团队，更是能创造奇迹的团队。

自动自发、积极进取的员工，掌握工作的主动权。即使遇到不顺利，也会抱着主动的精神和充分的信心，积极努力地去克服困难，他们不退缩，不放弃，即使又失败了，他们也会直面问题，冷静思考，寻找解决方法，然后再战。

团队中培养自动自发的精神很重要，如果成员都采取被动等待或分配的方式，这个团队一定没有创新精神。当然，做到自动自发需要以下几点：

（1）不等不靠，主动工作，主动创新。

（2）遇到困难时，解决困难视困难为"纸老虎"，采取不放弃，坚持到底的方法。

（3）用充满希望的、积极的语言鼓励自己，不要总说消极的话。

（3）不让情绪控制自己，尤其是负面的情绪。要用正面的、积极的情绪引导自己，相信"我认为能，就做得到"。

（4）做个积极工作的人。积极工作，会加上自己的智慧；被动工作，只能按步骤而为，没有创造性。

（5）克服恐惧心理，增强自信心。很多人怕什么就不去做什么，这是不对的，其实，有些事只要你去做了，你的恐惧感很快就会消失。

（6）立刻行动不拖延。"明天""下礼拜""将来""等会"之类的词在很多时候跟"永远不可能做到"意义相同，要从脑海中把这些词语去除掉，替换为"立刻行动、不拖延、现在就去做"。

（7）勇于挑战不怕难。工作不能固守现状，要敢于挑战，主动承担责任，向他人证明你有成功的能力与决心。

在工作中，机遇不会无缘无故地降临，即使机遇来了，如果没有准备好，它也会很快就走开。所以，消极等待是徒劳的，只有自发自动、主动出击，员工才能为自己争取到更多的机遇，也才能使自己踏上成功的"阶梯"。

管理心言

自动自发的人，不会放过任何能使自己成功的机会；自动自发的团队，更是能创造奇迹的团队。

以感恩的心工作

如果让你说出生活中使你感动的事情，你可能会举出很多的例子，比如，在你迷路时，一个素不相识的人为你指明方向；比如，在你痛苦时，朋友对你伸出援手；比如，在你落魄时，家人伴你走出低谷……

羊有跪乳之情，那是对母亲哺乳的回报；鸟有反哺之意，那是对父母抚育的回报；叶有归根之心，那是对大树培养的回报……凡此种种无不让人为之感动，这就是感恩之心。

感恩之心是一种良好的心态，也是一种可贵的精神。在团队工作中，同样需要感恩之心。

一位成功人士曾说："是感恩的心态改变了我的人生。当我清楚地意识到别人对我的任何帮助都不是理所应当、都值得感恩、感激时，我开始以强烈的感恩之情对待工作。我努力工作，竭力要回报他们；我努力工作，竭力要使工作出色。结果，我不仅工作得更加愉快，所获帮助更多，工作也更加出色，我很快获得了加薪升职的机会。"

人在一生中要经历很多难题和坎坷，若一味哀叹抱怨，肯定会积累无限愤懑与不满，但如果以感恩的心来面对，心情就大不相同。

有这样一个故事：一位被丈夫抛弃的妇女，孤身一人带着幼小的孩子，靠着在街边卖小东西维持生计。尽管生活很艰辛，步履维艰，但她没有表现出失望与沮丧。她把自己仅有的小房子收拾得一尘不染，桌上摆着鲜花，虽然那些鲜花都是从路边采摘的野花。别人认为她日子难过，但她却把生活经营得很好。当别人对她表示同情时，她淡然一笑说："没什么，我和孩子很健康，我们有东西吃，有地方住，已经很幸福满足了。"

有这样一句话："所谓幸福，是有一颗感恩的心，一个健康的身体，一份称心的工作，一位深爱你的爱人，一群值得信赖的朋友。"在构成幸福的众多条件中，"感恩的心"当之无愧居于首要地位。

工作是人赖以生存的基础。尽管每一个工作环境都不可能尽善尽美，但在每一份工作中积累的宝贵经验和资源，如成功的喜悦、热心的工作伙伴、值得感谢的客户，等等，都是我们工作获得的"财富"。而团队要取得好成绩也必须依靠每一个成员，因为成绩是大家的，不是某一个人的。

办公室职员小竹在谈到她被破例派往国外公司随同上司考察时说："我和上司虽然同样是研究生，但我们的待遇并不相同，他职高一级，薪金要高出很多。但我没有因为待遇不如他就心生不满，我认真做事，努力学习公司业务。当许多人抱着多做多错、少做少错、不做不错的心态时，我尽心尽力地做好我手中的每一份工作，我甚至会积极主动地找工作做。因为我在上班报到前，父亲就告诫我三句话：'遇到一位好领导，要忠心耿耿地为他工作；如果第一份工作就有很好的薪水，那是你的运气好，要感恩惜福；万一薪水不理想，就要懂得跟在领

导、同事身边学本事。'

"我将这三句话深深地记在心里，并始终秉持着这个原则工作。我的努力，上司都看在眼里。后来在挑选出国考察学习人员时，我是唯一一个资历浅、级别低的办事员。这在公司是极为少见的。"

带着感恩的心工作，人会获得更大的成功。因此，培养自己感恩的心，让感恩伴随自己一生，需要做到以下几点：

（1）热爱自己的工作，并全心全意地为工作创造效益，完成工作任务；同时注重提高效率，多为团队的发展规划建言献策。

（2）一切从大局出发。尤其是在遇到不公平待遇时，要正确理解，豁达处事。

（3）感恩不应体现在嘴上，应体现于行动中，比如，帮同事处理工作、帮助团队渡过难关，遇麻烦不气馁，上司没提升仍认真工作等。

员工拥有感恩的心，不仅对工作有益，对自己同样有益。懂感恩，你会发现，感恩是一种正能量，它使人更积极、更有活力，并且会感染周围的人，形成良好的团队氛围。

员工拥有感恩的心，会使事业步步高升，会使人际关系更加融洽，会拥有更加辉煌的前景。

团队中，每个成员都应拥有感恩之心，使团队的正能量积聚在一起，促使整个团队积极向上，形成巨大的向心力和战斗力。

管理心言

带着感恩之心去工作，会收获更多的成果。

要有"独门武器"

俗话说：技多不压身。拥有"独门武器"，不仅可以提高工作效率，创造效益，还能大大提高自身的竞争力，使自己在职场中立于不败之地。

当今社会，如果没有一门"独家技艺"，恐怕只能流于平庸而无法成就卓越。很多人有一项甚至多项天赋，但由于自己没能发掘使用，让技能潜藏于大脑之中。但有些人发掘了自己潜能，让自己的事业更上了一层楼。比如，有的人擅长交际沟通，有的人具有高超的组织能力，有的人逻辑判断能力很强。

每个人都有自己的特点和长处，如果能发挥自己所长，运用自己的"独门武器"，团队工作就会有很高的效率。

那么如何才能获得一技之长呢？

（1）学习传统技艺。学习传统技艺有些要靠师父带徒弟的方式，有些则是从父辈那里耳濡目染学到的。传统技艺大多是流传下来，因此，善于发现和利用，不仅可以使自己掌握一技之长，也会使很多地方传统技艺在新形势下得到继承和发展。

（2）向有经验、有技术的人学习，拜他们为师。

（3）参加职业培训。职业培训教育是现代社会获得一技之长的最重要的途径。在职业培训中有针对性地学习新技术，不仅能学以致用，还可以在此基础上创新发展。

王旭东是一名电子科技大学毕业的高才生，他在软件设计上很有天分，英语水平也很高，大学期间就曾参与多项软件程序的设计，并且发表过多篇文章。后来他进入一家IT公司，还被公司任命为首席设计师。

参加工作后的几年内，王旭东带领着他的设计团队不断开发新产品，他所在的公司在业内的影响力越来越大，逐渐发展为一家颇具规模的跨国企业，王旭东也由一名普通的软件设计师晋升为公司的运营总监。

王旭东正是因为拥有了自己的"独门武器"，才会取得如此大的成就。

现今，有能力的人至少有一技之长。一个人如果掌握了一技之长，在哪里工作都能发光发热。

一技之长是他人很难替代的一种能力。这种能力最好是自己单独拥有的，不是依托于某个公司或者某个体系，在团队中，如果你的一技之长是其他人所没有的，或者你的能力远超他人，你一定会取得成功。

一技之长是可以自己练出来的，比如选定方向，用心去学习，去锻炼，就可以锻炼出一项从众人里脱颖而出的"一技之长"。人有一技之长，就可成为团队中不可或缺的人。

那么，如何拥有自己的"独门武器"呢？

1. 树立自信心，找到自己的价值所在。

李白诗曰："天生我材必有用。"每个人都有自己的长处，不用攀比他人，也无须嫉妒他人，找到自身价值所在，树立自信心，扬长避短，发展自己的特长，使自己的特长得到充分的发掘，就可让自己有一门"独门武器"。

2. 时刻不忘"充电"。

当今社会发展很快，一个人如果不经常"充电"，就会与社会"脱节"，最终被社会"淘汰"。现代社会迫切需求的是复合型人才或有一技之长的人才，因此，不论学历高低、地位高低，都需要在各方面加强学习，不断提高自身的综合素质。

小张是某大学毕业生，毕业后进入一家传媒公司成为一名记者。这份工作不仅要求能吃苦受累，而且必须具备一定的文字功底和口头表达能力。小张在这几方面的表现都不错，很快在公司成为骨干。

后来，该传媒公司的规模扩大，在各地设立的记者站增多，而下属记者站的记者往往需要同时担任司机。小张了解这一信息后，利用业余时间报了驾校，考取了驾照，为自己的工作带来了便利。几年之后，小张通过竞聘成了某地区记者站的站长。

3. 向优秀的同事学习，取长补短。

每个人都有长处，多向优秀的同事学习，可以取长补短，完善自身。

"独门武器"在团队工作中有着重要的作用。"独门武器"

不仅仅包括一技之长，像细心、耐心、肯钻研等品质其实都可以称得上是一个人的长处。所以，要学会发掘出自己与众不同的优势，培养自己的特殊才能，以便在职场上取得更好的发展。

管理之言

发掘自己与众不同的优势，培养自己的特殊才能，让"独门武器"发挥作用，在职场上立于不败之地。

压力竞争促人奋进

谈及竞争，在《现代汉语词典》中这样定义：为了自己方面的利益而与别人争胜。

实际上竞争贯穿着整个人类历史。达尔文以确凿的事实证明人类是生物界优胜劣汰的产物。人类的产生和发展的历史就是一部竞争的历史。达尔文的理论并不仅仅局限适于生物学领域，而是适用于整个社会，即从竞争中孕育的社会势必与竞争共存。

职场是一个充满竞争的动态环境。人在这种环境中，对各种刺激会做出生理、心理和行为反应。现代职场很多人士都面临着一定的工作压力，比如能否完成任务、能否快速升职加薪、如何处理人际关系等等。据统计，与工作压力相关的心理、生理方面的疾病已经成为导致员工缺勤、懈怠、出意外事故的主要原因。

心理学家认为工作压力的来源主要有两个：环境因素和个人因素。许多外部环境因素会直接导致员工工作压力，如工作进度、工作速度、工作保障等等；个人因素包含内容主要为心态和情绪变化。例如，沉迷于工作或总是感到有一股力量驱使自己工作更快或更强，会将自己置于更大的压力之下；例如，心态消极、情绪忽高忽低，会影响工作成绩和效率。

那么，应该如何面对竞争，缓解压力呢？

（1）正确看待竞争，正确面对竞争结果，胜者不骄，败也不气馁，向强者学习，不嫉妒、不生气比自己强的人。

（2）学会减轻压力，学会"拐弯"，学会平衡心态，做好工作、休闲两不误，以压力为动力，让自己更努力。

小刘在一家外资电子公司从事电子商务工作，在订单旺季时，经常需要加班加点工作。小刘是个初入职场的新人，十分珍惜这份工作，工作起来常常夜以继日，几乎每周都要加20小时以上的班。

在这种高强度的工作下，小刘的压力越来越大。后来，小刘觉得头疼，浑身不舒服，做事精力不集中，最后终于病倒了。他被医生告知要在家静养，尽量不要从事高强度的工作，之后小刘被公司调离了原岗位。

竞争、压力是每个职场人都会遇到的。很多人虽未像小刘那样病倒，但身体或器官已经处于亚健康状态，如果稍不注意，就会引发各种疾病。而员工如果长期处于亚健康状态，不仅影响其工作质量，而且势必影响其工作效率，对团队发展和自己的职场之路都会形成阻碍。

有人说，一匹马如果没有另一匹马紧紧追赶并要超过它，就永远不会疾驰飞奔。同样，一个人如果不努力工作，只想坐享其成，而不敢知难而上；或只想机遇垂青，而不思拼搏进取，又怎么谈得上进步呢？所以，竞争天天存在，压力时时产生。竞争看似残酷，但它是公正的。有竞争才会有进步，当然，有竞争就会有压力，竞争、压力也是相随的。没有人注定永远是弱者，弱者付出努力，就会化弱为强；而强者若能更强，就会面临新的竞争。人若怕竞争，若怕压力，就会在时代的大潮中一落千丈。

那么，要如何看待竞争，如何面对压力呢？

首先，要树立正确的竞争观念。要把竞争和压力看作是工作中不可避免的一部分，做好正确对待竞争及抗压的心理准备。在竞争和压力面前，不要惊慌失措，要静下心来，审时度势，理清思绪，找出平衡两者的最佳状态，对压力做"减法"，缓解压力，对竞争正确看待，不要太注重结果，要根据自身条件，参与竞争。

其次，要建立切实可行的职业目标。切忌由于自我期望过高而使目标无法实现，导致心理压力剧增，竞争失败感产生，心态失衡。

最后，要区分恶性竞争及良性竞争，对压力进行分析，弄清楚哪些是竞争导致的，哪些是自己内心产生的，将压力一分为二，该放弃的放弃，该面对的面对。

人的身心健康是一切工作的基础。身心健康是指人精神焕发、状态正常，不仅能够让自己的工作处于良性循环，而且能够使自己更具竞争力和抗压能力，并向更高的目标发起挑战。

陈雷是一名体育大学的毕业生，他非常注重自己心态的健康状况。他进入一家体育推广公司从事健身器材的推广工作。

工作的繁忙、越来越高的业绩要求没有让他放松对心态的重视。他说："如果没有一个好心态，你对竞争就不会有正确的理解，对压力也不会有排解的方法，你推广的健身器材又有谁会接受呢？"许多商家、顾客都夸赞他推销中热情、耐心、心态好。正是凭借其健康阳光的形象，陈雷屡创佳绩。如今，他已经成为这家体育推广公司的市场部经理，向更高的销售目标发起挑战。

人在职场中的各种竞争和压力面前，如果不能做到有效疏导，竞争就会让人压力"山大"，对社会的适应能力也会降低，对工作会产生十分不利的影响。

因此，无论什么人，无论从事什么工作，都要拥有健康的心态，学会张弛有度，劳逸结合，在竞争和压力面前找到平衡点，在心态健康与工作之间找到平衡点。

竞争对手在工作中很常见，很多人讨厌竞争对手，认为竞争对手的出现给自己带来的压力和阻力都很大，特别是有些竞争对手还会制造矛盾，加大自己的工作量，挑战自己的抗压程度。

在某大城市，许多电器经销商都在"明争暗斗"，进行激烈的市场较量，在彼此付出了很大的代价后，张、李两大经销商脱颖而出，成为最强劲的竞争对手。

有一年，张总为了增强市场竞争力，采取了迅速扩张的经营策略，大量收购、兼并一些小企业，并在各县市发展连锁店，但由于实际操作中有失误，造成信贷资金比例过大，经营包袱过重，其市场销售业绩直线下降。

此时，许多人纷纷提醒李总，说这是主动出击、一举击败对手进而独占该市电器市场的最好时机。

李总却微微一笑，始终没有采纳众人的建议，而且还在张总最困难的时刻，出人意料地主动伸出援手，拆借资金帮助张总渡过难关。后来，张总的经营状况日趋好转，一直给李总的公司施加压力。很多人都嘲笑李总心慈手软，说他是"养虎为患"。可李总丝毫没有后悔，只是殚精竭虑地四处招纳人才，并以多种方式调动下属的工作积极性，一刻也不敢懈怠。

就这样，李总和张总在激烈的市场竞争中，既是朋友又是对手，彼此绞尽脑汁地较量，双方各有损失，但各自的收获也同样很大。多年后，李总和张总都成了当地赫赫有名的商业巨子。

没有压力，没有竞争对手，人的潜能就不会得到挖掘，动力也会慢慢消减。最终，人会变得心态消沉，工作散漫，事业无发展。而"让对手使自己更加强大",有竞争、有压力,实践证明是可行的。

一位动物学家在考察生活于非洲奥兰治河两岸的动物时,注意到河东岸和河西岸的羚羊大不一样,前者的繁殖能力比后者强,而且奔跑的速度每分钟要快13米。

动物学家感到十分奇怪:既然两群羚羊的生活环境和食物都相同,何以差别如此之大?为了解开其中之谜,动物学家和当地的动物保护协会进行了一项实验:在两岸分别捉10只羚羊送到对岸生活。结果送到西岸的羚羊发展到14只,而送到东岸的羚羊只剩下3只,另外7只都被狼吃掉了。

谜底终于被揭开,原来东岸的羚羊之所以身强体健,是因为它们附近有一个狼群,这使羚羊天天处于"竞争、压力氛围"中,为了生存下去,它们变得越来越有"战斗力",而西岸的羚羊长得弱不禁风,恰恰是缺少天敌、没有竞争、生存压力所致。

其实,有人的地方就会有竞争,竞争是不可避免的。有竞争就会有压力,压力是可以转化为动力的。真正有团队精神的人,会感谢竞争对手时时给自己施加的压力,正是竞争、压力,让人们有了想方设法战胜困难的动力，进而在激烈的竞争中，始终保持着昂扬向上的精神状态。

管理心言

在竞争和压力面前，对压力做"减法"，对竞争正确看待，根据自身条件参与竞争。

常反省常总结

善于反省和总结的人，会让自己走得稳，会让自己时刻保持清醒和谨慎。

一个人养成爱反省常总结的好习惯，有助于锻炼自己的逻辑思维能力，从而扬长避短，少走"弯路"。严格地讲，善于反省和总结是一种快速发现问题、解决问题的好方法。

团队的合作出发点在于调动成员中各方的力量，团队可以激发全体成员的智慧，并将这种智慧汇集成一股实现目标的合力。好团队绝不是随随便便凑合在一起的"乌合之众",而是为了实现共同的目标,按照必备的条件,经过严格的挑选而组织起来的精干的团体。所以,挖掘成员的特质,组织配合默契的团员协作,是激发团队合作精神的关键。

团队合作是一种为达到既定目标所显现出来的自愿合作和协同努力的精神。团队在合作的过程中,要经常总结、反省,做到"吃一堑,长一智",避免犯错误或少犯错误,同时总结工作,及时发现问题、及时解决问题。

小明作为一名大型钢企的业务员,曾经因为自己的错误判断给公司造成三百多万元的损失。但是令小明感动的是,团队领导没有追究他的责任,反而鼓励他要从错误中吸取教训,学会事事总结,从中积累不再犯错的经验。

之前,小明没有经常总结的习惯,对自己做的决定也不常进行反思,出现事故后,听了团队领导的话,他决心每天、每周进行反省和总结。之后,小明每天记录自己的工作过程,对自己所做的决定进行反省,还画出价格波动图,寻找钢铁市场的规律。为了规避市场风险,他向许多同事请教,后来还把研究总结的范围扩大至其他方面,形成一个全方位的市场总结图。

之后的几年，钢铁市场尽管波动很大，但养成总结习惯的小明没有再做过一笔赔本买卖。他笑着说："是勤于总结的习惯帮了我的忙，另外，我还要感谢团队，没有他们，我也成功不了！"现如今，小明已经是该钢铁公司的销售团队的领导，他经常对下属讲要学会反省、总结自己的工作。

"取人之长，补己之短"是学习的好方法。团队成员都有自己的长处和短处，为避免犯错误，学会反省和总结，利于工作开展。同时，表彰先进，警示后进，可促使团队进步。

张鹏是某高科技公司的软件工程师，他的成功来自于他善于自省、总结以及借鉴他人的经验和教训。

十年前，张鹏大学毕业后从事软件设计工作。虽然他学的是电子专业，但是课本里的东西远远不能满足软件编程工作的需要。于是，他拜了同一团队的王强做师父。

在当徒弟的几年中，张鹏谦虚谨慎，并且时常总结软件编程中遇到的问题。当师父传授给他一个新经验时，他会用笔记录下来。几年下来，张鹏不但掌握了软件编程的技巧，而且还记了数本经验总结笔记。

几年后，张鹏应聘来到了另外一家有名的科技公司，此时他已经考取了高级程序员证书，是一名有经验的程序编写员了。

在新公司里，他做的第一件事就是研究公司开发的每一个成熟的技术软件。他认为，好的软件是公司的劳动成果和智慧结晶，自然包含了成功的经验。平日，他除了认真向"高手"学习外，还不断总结，力求发现新问题。而对于发现的问题，他都会进行琢磨，力求有所改进。渐渐地，张鹏成为了公司一名资深软件工程师，其技术高超、稳重、老练的工作作风屡屡受到领导的表扬。

在团队管理中，如果成员能够多反思多总结，培养向内归因的思维方式，则更有利于能力培养。而集体总结、反省可采取开会等方式，让每个人都发言，集思广益，达到优化团队的作用。

有两个故事："一个和尚挑水喝，两个和尚抬水喝，三个和尚没水喝。一只蚂蚁来搬米，搬来搬去搬不起；两只蚂蚁来搬米，身体晃来又晃去；三只蚂蚁来搬米，轻轻抬米进洞里。"

"三个和尚"是一个团体，他们没水喝是因为互相推诿、不讲协作；"三只蚂蚁搬米"之所以能"轻轻抬着进洞里"，正是团结协作的结果。

有首歌唱得好——"团结就是力量"。团队合作的力量是无穷尽的，一旦被开发，这个团队将创造出不可思议的奇迹。

善于反思及总结是一种提高个人能力快速且直接的方法，也是提高团队能力快速直接的方法。善于反思及总结的团队，能审时度势，跟得上时代的发展。善于反省及总结的人，能找出新经验、新规律，然后将其运用到改进团队的工作中，从而保持高效的执行力。

员工善于反省和总结，就能少犯错误或不犯错误，就能在职场的道路上走得顺利，使个人前程得到大的发展！而团队经常反省和总结，就能及时发现问题，及时解决问题，使团队健康成长。

管理心言

"吾日三省吾身"，是团队和个人天天要做的工作。

创新精神不可少

创新能力与其他能力一样，可以通过学习、训练激发出来，并在实践中得到不断提高。

有些人搞点创新、搞点发明创造似乎并不难，但团队能经常创新，成为创新型的创新团队，确实不容易。现代社会，知识更新速度加快，一项创新成果，很多时候已经不是靠一个人的力量就可以完成的。像中国的海尔集团从1984年开始创业，20年后成为中国企业的一面旗帜，其成功原因是什么呢？答案是他们有一个创新型领导班子。因此，团队若想进步，就必须不断创新。只有锐意创新，才不会落后。

你是否工作多年还是得不到公司的重用？你是否想过如何改变现状？人如果总是一个角度想问题，不敢创新，就会固化思维，难以有"改变"的想法。而勇于创新，就会发现新的方法、新的创意、新的竞争点，改变迟早会降临到你的身上。

我们先来看一个案例：

日本有一家科技公司，有一段时间，公司上层发现员工一个个萎靡不振，面带"菜色"。经多方了解后，上层知道员工压力较大，于是采取了一个简单而特别的减压方法——在公司后院中用圆润光滑的小石子铺成一条石子小道，每天上午和下午分别抽出15分钟时间，让员工脱鞋光脚在石子小道上随意行走。

起初，员工们觉得很好笑，也有一些人觉得赤足很难为情，但时间一久，员工们便发现了它的好处，原来这是极具医学原理的物理减压法，通过行走起到了按摩的作用，让人的精神放松。

好创意本身就是财富。创新最重要的是观念的创新，团队有了创新意识，就能与时俱进，坚持学习，成为学习型团队。

有一个年轻人看了石子减压的报道，有了新的思路。他选取了一种略带弹性的塑胶垫，将其截成长方形，然后将老家的小河滩上光洁漂亮的小石子铺在上面。小石子经过打磨，切成大小相同的样子，然后将光滑面一粒粒稀疏有致地粘在塑胶垫上。垫子干透后，他先上去反复试验感觉，修改了几次后，确定了样品，然后就在家乡因地制宜，开始批量生产。后来，他又把这批产品确定为好几种规格。

产品生产出来后，年轻人尽快将产品鉴定书等手续一应办齐，然后在一周之内把能代销的商店全部供上了货。年轻人除了将产品送进商店进行销售以外，还派人带产品去做免费推介。除了这两项工作，年轻人又开拓了一项上门服务：为大型公司的院中铺设石子小道，为幼儿园、小学的操场边铺设石子乐园，为家庭铺室内石子过道、石子浴室地板、石子健身阳台等。一块块本不起眼的地方，经年轻人装饰成了一个个小小的减压区、游乐区。

几年后，年轻人又将单一的石子垫、石子路变换为多种多样的材料，如七彩的塑料、珍贵的玉石等，满足不同人士的需求。

小石子减压法就此铺就了这个年轻人的财富之路。

创新就是在已有的知识经验基础上，努力探索尚未被认识的事物、规律，从而为实践活动开辟新的领域，打开新的局面。团队如果没有创新能力，没有勇于探索的精神，就只能停留在原有水平上，其所从事的事业也会陷入停滞甚至倒退的状态。

所以，人需要做的就是不断激发并培养自己的创新能力，多一些创新思路，多一些创新实践，从而走向成功。

人容易懈怠，因为进取、创新要花费精力、智力、时间。懈怠是人进取、创新路上的"天敌"，一个人如果懈怠，要么不进则退，要么问题连连。

而创新不是科学家、发明家的专利，人人均可创新。

进取、创新，换句话说，就是不满足于现状，要敢于挑战自己，超越自己，不断给自己树立新的目标。进取、创新能让人在工作中化被动为主动。

张花先后当过工人、车间调度师、总公司办公室收发兼档案管理员，这些工作都比较简单，甚至有些枯燥，但张花每干一样，都尽心尽力、任劳任怨。

近年来，企业不景气，要进行机构改革与调整，张花意识到自己年龄大、学历低，又无专长，时刻面临下岗的风险。但是她没有埋怨，也没有懈怠，而是积极进取，决心在短期内掌握一技之长。

张花开始在业余时间学打字，这对40多岁的她来说很不容易。经过大半年的刻苦学习，她的录入速度提高到每分钟50个字，而且准确率相当高，几乎可以免除校对了。

一次，办公室打字员病了，领导急需打印文件，张花接过来，很快打了出来，同时还进行了校对，领导看后大为赞赏。

张花还利用空闲时间苦练电脑排版技术，其自创的新颖版式，令人赞不绝口。

不久，张花被聘为办公室打字员，而那位比她年轻10多岁的打字员因速度、效率、创新能力均不及张花，无可奈何地下了岗。

拿破仑·希尔认为："进取、创新是成功人士必须具备的品质。

有一家贮藏水果的冷冻厂起火，等到人们把大火扑灭后，才发现有18箱香蕉被火烤得有点发黄，皮上都是小黑点。老板把这批香蕉交到鲍洛奇的手中，让他降价出售。而鲍洛奇的水果摊设在城中最繁华的街道上。

一开始，无论鲍洛奇怎样向顾客解释，都没人理会这些"丑陋的家伙"。无奈之下，鲍洛奇仔细地检查那些变色香蕉，发现它们不但一点都没有变质，而且由于烟熏火烤，吃起来反而别有风味。鲍洛奇想到这些香蕉来自阿根廷，于是，一个创意产生了。

第二天，鲍洛奇一大早便开始叫卖："最新进口的阿根廷香蕉，南美风味，全城独此一家，大家快来买呀！"当摊前围拢的一大堆人都举棋不定时，鲍洛奇注意到一位年轻的小姐有点心动了。他立刻将一只剥了皮的香蕉递到她手上，说："小姐，请你尝尝，我敢保证，你从来没有吃过这样美味的香蕉。"年轻的小姐一尝，香蕉的风味果然独特，价钱也不贵，就买了一些。鲍洛奇一边卖一边不停地说："只有这几箱了。"人们纷纷购买，18箱香蕉很快销售一空。

鲍洛奇用他聪明的头脑向人们演绎了一出精彩的"创意推销剧"，"变色"的香蕉在他的手里瞬间成为具有南美风味的"奇物"。鲍洛奇不惧困难，细心寻找突破口，最终将自己的创意运用到实践中，而且取得了奇效。

创新，就是要积极进取，开动脑筋，创新的员工才能成为企业中、团队中不可替代之人，创新的团队在企业中能发挥更大的作用。

管理心言

创新不是科学家、发明家的专利，人人均可创新。

重视时间管理

很多团队不重视时间管理，不了解时间管理对企业的重要性。

那么，什么是时间管理呢？

时间管理就是利用技巧、技术和工具，更有效地运用时间来帮助人们完成工作，实现目标。

时间管理的目的除了决定应该做什么事情之外，还包括决定什么事情不应该做。

时间管理是可以掌控的，比如，通过事先的规划，合理分配并最大限度地利用时间，提高工作效率。

团队和个人若重视时间管理并付诸实施，就会效率第一，为团队和员工带来工作上全新的突破与发展。

要做好时间管理，可以从以下几个方面入手：

1. 记录时间分配情况。

要想有效地管理自己的时间，真正做到提高工作效率，就应先了解自己的时间是怎么使用的。合理分配时间，对各阶段时间做分析，是系统地运用时间开展工作的好方法。

记录时间分配情况的形式有待办单、日计划、周计划、月计划等。

待办单是指将每日要做的工作事先列出一份清单，排出优先顺序，确定完成时间，以突出工作重点，同时避免遗忘或将未完事项留待第二日。

（1）待办单主要包括的内容有：

①日常工作计划；

②特殊事项计划。

③计划中的细分工作；

④前一日未完成的事项。

（2）使用待办单时的注意事项有：

①在每天的固定时间制订待办单；

②只制订一张待办单；

③每完成一项工作就划掉对应项；

④要为应付紧急情况留出时间；

⑤每天坚持制订待办单。

除待办单外，还可以根据自己的工作情况，制订日计划、周计划、月计划。

2. 划分工作时段。

将一天的时间分成几段用来处理某些固定的事情，以免被其他事情打扰。比如，在特定的时间段阅读和回复电子邮件，在特定的时间段处理文件、答复客户的要求、打重要的电话，等等。这样安排可以帮助人更快更高效地完成工作。

3. 要能够很快地找到自己需要的东西。

某机构对美国200家大公司的职员做调查研究时发现，公司职员每年都有六周的时间浪费在寻找乱放的东西上面。这意味着，他们每年要损失10%的时间。对此，最好的解决方法是：不用的东西扔掉，有用的东西分门别类，妥当保管。

4. 工作最好一次性完成，不可时断时续。

研究发现，令员工浪费时间最多的是时断时续的工作方式。因为人在重新工作时，需要花费较长时间调整大脑活动及注意力，这样才能从停顿的地方接着做下去。所以，工作最好一次性完成，不要时断时续。

5. 做工作前要有准备。

延误是最浪费时间的，避免这种情况出现的唯一办法是预先安排好工作，做到事前有准备，才能使时间得到最大化的利用。

6. 不要拖拖拉拉。

有些人总是花许多时间思考要做的事，担心这个担心那个，找借口推迟行动，事后又为没有完成任务而恼恨。其实，如果不是因为拖拖拉拉，也许早已完成任务而且转入下一项任务了。

7. 合理安排开会的时间。

要合理安排开会的时间，开会时要迅速切入正题，不要拖延。

8. 改进工作方法。

在处理一些复杂的工作时，要多动脑子，改进方法，减少处理问题的时间，提高工作效率。

9. 充分利用"零碎时间"。

在实际工作中，你会发现在不同的工作任务之间有很多"零碎时间"，这些时间累积起来会很可观。要学会利用这些"零碎时间"，这样，在相同的时间内，你所做的工作可能就会比别人多很多。

10. 注重劳逸结合。

工作不要排得特别满，要留有一些余地，以便灵活安排，因为一项工作到底要花费多少时间你不一定能准确计算出来。多留一些时间有助于提高工作效率，减少工作中的差错和失误。

在时间管理方面，还要注意遵循时间管理原则。

时间管理原则也称SMART原则，具体内容如下：

（1）明确性。

所谓明确性就是要具体、清楚地说明想要达到的目标，而不是用抽象笼统的语言和内容加以说明。明确的目标是成功的团队共同具有的特点。很多团队不成功的重要原因就是其目标模棱两可，或是没有将目标有效地传达给团队成员。

比如，"提升客户满意度"，这个表达对目标的描述就很不明确，因为提升客户满意度有许多具体做法：例如，积极处理客户投诉、提升服务质量、规范礼貌用语、采用规范的服务流程，等等。

比如，"为所有的老员工安排进一步的管理培训"，"进一步"就是一个很不明确的概念。这个"进一步"到底指什么？是不是只要安排了这个培训，不管谁讲，也不管效果好坏，都叫"进一步"？如果将其改进一下，表述为："在某一时间完成对所有老员工关于某个主题的培训，并且在课程结束后，检查员工的工作效率是否得到提高，如果没有提高甚至有所下降就认为效果不理想，"这样目标就变得明确起来。这样的计划称得上是明确的、具体的计划，能够让员工一目了然并付诸行动。

（2）衡量性。

衡量性是指应该有一组明确的数据，作为衡量目标是否达到的依据。如果制订的目标没有办法衡量，就无法判断这个目标是否实现。

目标设置要有项目衡量标准、达成措施、完成期限以及资源要求，使考核人能够清晰地看到部门或团队要做哪些事情，需要完成到什么程度。

衡量标准要遵循"能量化的量化，不能量化的质化"原则，使制订人与考核人有一个统一的、标准的、清晰的、可度量的"标尺",杜绝使用概念模糊的描述。

（3）可实现性。

管理者要使拟定的工作目标在组织及个人之间达成一致,既要让工作效益最大化,又要使工作目标具有可实现性。

可以制订类似"跳起来摘桃"的目标,但不能制订"跳起来摘星星"的目标,这就是目标的可实现性原则。

（4）相关性。

团队的工作目标需要得到各位成员的通力配合才能实现,因此要让每位成员都参与到目标的制订中去,使个人目标与组织目标达成一致。目标一致的要求既要有部门由上到下的工作目标任务,也要有员工自下而上的主动参与。

工作目标的设定要和岗位职责紧密相关联,不能偏离主题。

（5）时限性。

目标的完成是有时间限制的。例如"我将在5月31日之前完成某事","5月31日"就是一个确定的完成时间限制。没有时间限制的目标考核,也会带来不公平性。

目标设置要有时间限制,要根据工作任务的轻重、事情的缓急，拟订完成目标项目的时间等。管理者要定期检查项目的完成进度，及时掌握项目的进展变化情况，以便对成员进行及时的工作指导，并根据情况变化及时地调整工作计划。

无论是制订团队的工作目标，还是制订员工的绩效目标，在时间管理上都必须符合上述五项原则，缺一不可。

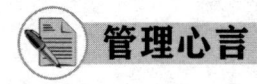

管理心言

时间就是金钱，效率就是生命。

跟上团队发展的脚步

随着知识更新速度的加快、就业竞争的日趋激烈,人们赖以生存的知识、技能也会随着时间的流逝而不断地"折旧"。美国国家研究委员会的一项调查发现:半数以上的劳动技能在短短的3～5年内就会因为跟不上时代的发展而变得落后,而以前这种技能"折旧"的期限则长达7～14年。现代职业的"半衰期"越来越短,员工若不持续学习,就会跟不上行业的发展,也会跟不上团队的步伐。

人作为高级动物，最大的特点和优势就是会学习。美国著名企业家艾柯卡之所以能够成功，就在于他时刻铭记刚参加工作时分公司经理对他说的话："你要记住，马更有力气，狗更忠诚。你作为人类的唯一长处就是你有一个智慧的头脑，这是你唯一能超越它们的地方。"

工作中，面对知识"折旧"、信息量日趋膨胀，团队成员如果不主动"转换思维"就会拖团队的后腿。如果不继续学习，不更新自己的知识储备，掌握不了新技术，就会被团队"抛弃"。

某白酒厂员工铁亮擅长动脑筋解决问题，公司根据他的这个特点派他去推销库存的白酒。铁亮望着库房中堆积成山的成品酒，心中盘算：这是百年酒厂，素以质量取胜，而今大量滞销，是因为产品已不适应市场发生的变化，人们饮酒的品位发生了变化，但其他一些较偏僻地区的白酒市场却有待开发。于是，铁亮果断地带上10箱白酒，来到一些较偏远的地区推销。

铁亮每到一地，就会在打通主批发渠道后，将带来的酒瓶商标送给各小饭馆、旅店、零售店做张贴画。接着，他又跑到各商店里，在店里的烟酒柜台上摆放一些美观的玻璃容器，然后往里面注满甘洌的白酒，顿时酒香满堂。许多消费者十分好奇，争相购买，于是各销售网点纷纷向铁亮进货，白酒一时供不应求。

公司领导很快了解到这些情况，立即任命铁亮为该片区销售经理，负责该地区的白酒销售。

这个案例说明，善于转变观念才能跟上形势发展的脚步。很多时候，人只有转换思维，才能取得佳绩，做出让同事佩服、让领导赏识的事，从而脱颖而出，获得更多职业发展的机会。

在古罗马时代，一位有名的预言家在一座城市的广场上设下了一个奇特难解的结，并且预言，解开这个结的人将来必定是亚细亚的统治者。人们都非常相信预言家的话，但是，此后很长的一段时间内，有许许多多的人来尝试解开这个结，却都没有成功。

当时身为马其顿将军的亚历山大也听说了有关这个结的预言，他率领士兵进驻到这个城市后，独自一人骑着马来到这个广场，他想尽办法试图解开这个结，可是一次又一次失败了，这令他有些恼火。

几个月过去了，亚历山大认为自己已经做好了充分的准备。他又一次来到这个广场，用他考虑了很长时间的那些方法去解那个结，结果他还是失败了。

亚历山大久经沙场，战无不胜，想不到却被这一个小小的结给难住了，他气愤至极，恨恨地说："我再也不要看到这个结了！"说罢，他抽出佩剑，将那个结砍成了两半——结终于被打开了。不久，亚历山大统治了整个亚细亚。

亚历山大挥剑砍断"罗马结"的例子给了我们这样一个启示：解决问题的关键不在于问题本身，而在于人有没有首先解开自己心中的"结"，即对待问题，观念要更新，思维要灵活。

张刚在一家广告公司做文案策划。一次，一个著名的洗衣粉制造商委托张刚所在的公司做广告宣传，负责这个广告宣传的好几位文案创意人员拿出的策划案都不能令制造商满意。经理只好让张刚把手中的事先搁置几天，专心完成这个创意文案。

接连几天，张刚在办公室里看着一袋洗衣粉想："这个产品前几代在市场上就已经非常畅销了，以前的许多广告词也非常富有创意。那么，我该如何重新找到一个切入点，做出既与众不同又令人满意的广告创意呢？"

一天，张刚找了一张报纸铺在桌面上，撕开洗衣粉袋，倒了一些洗衣粉出来，一边用手揉搓着这些粉末，一边轻轻嗅着它的味道。

突然，在射进办公室的阳光下，张刚发现洗衣粉的粉末间有一些特别微小的蓝色晶体。他仔细观察后，证实的确不是自己看花了眼。他立刻起身，亲自跑到制造商那儿问那些晶体是什么东西，得知这些蓝色晶体是"活力去污因子"后，张刚有了想法，写下了自认为最好的创意文案——超强洁白与众不同洗衣粉，广告推出后，此产品大获成功。

有句很有哲理的话是这样说的："与其诅咒黑暗，不如点起一支蜡烛。"这里的"蜡烛"其实指的就是转换思路，找到更好的解决方法。牢骚和抱怨解决不了问题，而逃避和夸大，则会增加问题解决的难度。

"此路不通"就换条路，"这个方法不行就换种思维方法"，这应该成为每个员工的工作理念。

某地由于一些工厂排放污水，很多河流污染严重，以至于下游居民的正常生活受到了威胁，环保部门每天都要接待前来投诉的居民。环保部门联合有关部门决定寻找解决问题的办法。

开始他们考虑对排放污水的工厂进行罚款，但罚款之后污水仍会排到河里，不能从根本上解决问题。这条路，行不通。

有人建议下令让排放污水的工厂在厂内设置污水处理设备，

本以为这样做问题就可以彻底解决了，却在命令下达之后发现污水仍不断地排到河里。而且，有些工厂为了"掩人耳目"，对排污"乔装打扮"，从外面看不出有什么破绽，可污水却一刻不停地在流进河内。这条路，仍行不通。

后来，大家转变思路，在工厂的水源处设立输入口。这种做法看起来很匪夷所思，但事实证明这确实是个好方法，它能够有效地促使排污工厂进行自律：假如自己排出的是污水，输入进去的也将是污水。这样一来，那些工厂能不采取措施净化排出的污水吗？

善于转变思路和方法的员工，往往不会"固守"一种思路，也不会"迷信"一种方法，他们会审时度势，针对不同问题，拿出不同的应对方案，争取利大于弊的最好局面。

管理心言

知识"折旧"越来越快、信息量日趋膨胀，团队成员如果不主动"转换思维"，去适应社会发展，就会拖团队的后腿。

下 篇

团结合作正能量

个人英雄主义要不得

在专业化分工越来越细、竞争日益激烈的今天，靠一个人的力量是无法高效地完成工作的。毕竟，一个人的力量是有限的，众人拾柴火焰高。

个人英雄主义是指以个人主义为原则，夸大或不适当地强调个人在社会生活和历史活动中的作用，表现为好图虚名、自以为是、居功自傲、违反团体纪律、犯自由主义等。

个人英雄主义和团队精神是互相对立的。团队精神就是要摒弃个人英雄主义，牺牲小我，换取大我，放弃个性，追求趋同，团队精神的核心在于协同合作，强调团队合力，注重整体优势。因为团队不仅仅是人的集合，更是能量的结合。

团队合作是工作中最常见的方式，即由不同的人按照各自的分工共同完成一件事情，团队合作通常能将执行的效率发挥到最大化，产生"1+1>2"的效果，团队合作的过程，是为了一个共同的目标相互支持并肩奋斗的过程。

关于团队合作，微软公司是这样理解的：

（1）一群人同心协力，集合大家的"脑力"，共同创新，其产生的群体智慧将远远高于个人智慧。

（2）个人的创造力源自于潜能，团队合力在于发掘出成员的潜能。

（3）一群人全心全意地贡献自己的创造力，彼此鼓舞，互相帮助。

（4）团队的管理者如同交响乐指挥，帮助成员各司其职并保持良好的沟通。

合格的员工不仅要具备过硬的专业技术，更要具备合作精神，不做"孤独英雄"，否则，将在现代企业里难以立足。

王炯在一家公司做了多年电子商务工作,他一直都很郁闷,因为无论是能力还是资历他都高人一筹,业绩也一直十分优秀,但他就是无法得到职位上的升迁。他更不明白的是,为什么那些能力不如他的人都能得到晋升,有的甚至成了他的上司。问题到底出在哪里呢?

其实,造成这种状况的一个很重要的原因是:王炯不喜欢与人合作。他平日总是埋头于自己的工作,不喜欢和大家沟通交流。有同事需要他的帮助时,他不是找借口拒绝就是很不情愿地应付对方。渐渐地,王炯显得越发冷漠,令人难以接近。因此,他无法得到同事、领导的信任与支持,更别提晋升了。

作为团队中的一分子,如果不主动融入团队之中,总是独来独往,必定会陷入自我的"圈子"里,无法得到同事的认可与尊重,团队自然也不会重用这样缺乏团队意识的人。

1882年,法国人林格曼做了一个"拉绳子"试验,发现团队合作时,平均每个人能拉动的重量超过了他们独自行动时拉动的重量,这个现象被称为"林格曼效应"。林格曼让7个人分别拉一根绳子,然后将7人组成团队再拉绳子。单独行动时,这7个人平均能拉动65千克的重物,而组成团队时他们每个人平均拉动的重量为85千克。

具有团队意识不仅是工作需要，也是一种美德。培养团队合作意识，树立团队合作精神，不仅可以提高工作效率，还能利用团队弥补个人能力的不足，达到个人与团队的共同促进、共同发展。

在团队合作中，遇到难题时，主动求助于他人，不但省时省力，能提高工作效率，同时还能将他人的经验、他人处理问题的思维与方法学到手，经过实践的锻炼将之转化为自己的"财富"，这个过程既是学习的过程，也是积累与提高的过程。员工通过这个过程，可以达到在合作中不断提高自己工作能力与效率的目的。

团队合作能有效弥补个人的不足。有的成员擅长交际，有的成员擅长技术，有的成员擅长管理，将这些人放在一个团队中，大家可以互相取长补短，共同把工作做到位。因此，树立团队精神，能实现个人与团队的共同进步。

团队合作还可增加个人魅力。团队容易成功，作为团队中的一员，也能随着团队的成功而成功。当一个人在团队中的影响力越来越大时，其个人魅力值也会越来越高。

团结合作正能量 **下篇**

在当今团队制胜的时代，一个人只有把自己融入团队之中，不做"孤独英雄"，才能最大程度地实现个人价值。

管理心言

团队合作能有效弥补个人的不足，促进个人综合素质的提升。

团结合作以大局为重

团队成员，应该以团队大局为重，不仅要做好自己的工作，更要善于团结身边的每一个人，做一个受集体欢迎的和谐分子。

团队是人们合作的平台，人们在工作中离不开他人的支持。许多职场高手在团队中扬长避短，发挥自己所长，不仅拓展了人际关系，而且拓宽了业务，为自己的成功铺平了道路。

团队的核心是团结，团队团结意味着大家相互配合，共同为了集体的利益而奋斗，这样才能成为团结的团队。团结是成功的基石，没有团结就不会有成功。

一个人的力量是有限的，一个人的成功也是有限的成功；而一群人组成的团队力量是巨大的，成功也是巨大的。所以，好团队就是少贬低，多赞美，这是大家前进的动力；好团队就是少指责，多安慰，这是大家激励的方式；好团队就是少埋怨，多感谢，这是大家能够超越的力量。

工作中，互相合作、互相支持，不仅能快速高效地完成任务，而且能提高个人的魅力，获得更多成功的机会。所以，团结合作是团队工作的必修课。

1. 你信任他人，他人才会对你忠诚。

团队中"信任"的威力是巨大的。信任也是一种动力，对他人信任不仅是对他人能力的肯定，也是对他人人格上的尊重。

领导要想让自己的成员更好地为团队服务，最好的方式就是取得成员的信任。而成员信任自己的领导，工作起来就会全力以赴。工作关系的建立，首先是建立在相互信任的基础之上，因为信任能够为人架起成功的"阶梯"。

2. 包容是拉近人与人距离的好方法。

团结能够团结的人，对他人尽量包容，这是拉近人与人之间的距离、消除隔阂的最好方法。

一个团队必须做到目标一致，行动一致，步调一致，这样才能共同前进。

3. 鼓励自己的最好办法，就是鼓励别人。

要懂得欣赏你周围的人，即使是那些对你怀有敌意的人。每个人都有自己的优点，所谓"三人行，必有我师"。多学习他人的优点，就可以弥补自己的不足。因此，要学会欣赏，学会赞美，在很多情况下，一句赞美的话、一句鼓励的话，也许就可以使紧张的关系迅速缓和下来。

鼓励是最好的赞美，鼓励意味着一个人对另一个人的关爱和肯定。鼓励能够对他人产生直接的推动力量，同时也可以成就自己，帮助自己在团队中找到属于自己的位置。

4. 团队礼貌要提倡。

在团队中，提倡礼貌很重要。比如，得到他人帮助或者受他人恩惠时，"谢谢"两字要常挂在嘴边，这两个简单的字能给人留下谦虚懂礼的好印象，也是提升个人魅力，增强自己亲和力，为自己赢得更多机会的方法。

某著名连锁酒店在一所旅游学校举行了一次大型招聘活动，一名来自湖南的女孩有幸应聘成功，进入该酒店从事管理工作。

女孩名叫张珊，大学期间学的是酒店管理。进入职场之前，她自报学习班学习了几个月的礼仪。她深刻地记得老师对学员们的嘱托："保持微笑，对客人、对同事常说'谢谢'！"

踏上工作岗位后，张珊的工作是负责酒店卫生的检查和监督管理，所以她时常和酒店清洁员打交道。由于酒店清洁工作十分烦琐，也十分累人，所以一天下来，清洁员们常常疲惫不堪、牢骚满腹。

张珊认为，作为一个管理者，不应高高在上，而应该拉近与清洁员们之间的距离，给予他们更多的理解和鼓励。所以每当工作结束的时候，张珊都会向清洁员亲切地说一声"谢谢"。简简单单的两个字温暖了清洁员们的心。清洁员们常说："张珊这女孩不错，年底选先进，我要投她一票！"

年底评选，张珊被评为"先进员工"，当她得知自己的票有许多是清洁员们所投时，她再一次向他们说了声"谢谢"！

"谢谢"帮助张珊占了"先机",不久,她被酒店列为重点培养对象,为她将来更好的职业发展前景铺平了道路。

不要小看"谢谢"的力量,一声"谢谢"中往往包含着真诚与感激、希望与机遇。

心理学研究发现:说声"谢谢"能让被感谢之人心里愉悦,从而拉近双方的距离。有人在对某公司1100名员工做出调查后发现:懂礼貌、常说"谢谢"的员工给人留下的印象最好。

时常把"谢谢"挂在嘴边,在增进友谊的同时,还能提高工作效率,促进团队合作,这是一种共赢。每个团队都喜欢讲礼貌、懂感恩的员工。

而受人帮助时说声"谢谢",受人恩惠时说声"谢谢",合作愉快时说声"谢谢"……此时的"谢谢"体现出一个人的优秀品格。

"谢谢"传递出的是一种温暖,一种感恩,一种做人的美好品质。人只有懂得感恩,才能懂得珍惜;只有懂得珍惜,才会更加在乎身边的人和自己的工作;而珍惜、热爱自己工作的人,一定能够获得成功。

工作中切记:礼貌常做,"机会"就会来到身边。努力做一个懂礼貌、知恩图报、尊重他人的人,如此,你会赢得他人的尊重和欢迎。

管理心言

团队的核心是团结,这是团队成功的基石。

宽容增进凝聚力

现代职场强调团队合作，要求每一个员工都能够讲"君子"风范，以"宽容"的气度接纳他人，和其他成员和谐相处，大家相互支持，共同进步。

古代有这样一个故事。寒山问拾得："世间有人谤我、欺我、辱我、笑我、轻我、贱我，如何处之乎？"拾得笑曰："只要忍他、让他、避他、由他、耐他、敬他、不要理他，再过几年，你且看他。"

寒山、拾得的对话包含了许多人生哲学，而宽容就是其中之一。

做人要大度。大家同在一个团队工作，时间久了，难免会产生矛盾和摩擦。如果能宽容待人，在保留自己观点的同时，虚心听取他人的意见，不但能团结协作，而且会步调一致，增进人与人和谐关系。

张珊和徐露露是公关公司的两名经理，两人各有长处，工作能力都很强，都是公司的重点培养对象。

相比较而言，徐露露头脑更灵活、思维更活跃。年底总结大会上，徐露露提出了一个新的工作方案，形式十分新颖，也非常具有可行性，公司领导给予了很高的评价。而张珊是个相对传统的女孩，她的工作方案比较稳妥，但也相对保守。经过一番讨论，公司采用了徐露露的工作方案，把张珊的作为备用方案。结果实施徐露露的方案后公司收到了很好的效果，公关风险降低了很多。

一次，公司接了一笔大单，为了保险起见，公司领导让所有的部门都参与到这个公关项目上来。此时，徐露露很需要一个像张珊这样工作能力强、态度认真的搭档。但是由于两个人之间存在竞争关系，徐露露对张珊有些心存芥蒂，硬是将张珊排除在计划之外，所有的工作都由自己独立承担。

作为团体公关项目，一个人的力量是有限的，徐露露完成任务非常吃力。张珊看在眼中，主动找徐露露谈心："我们虽然是竞争对手，但是处于同一个团队，应该以大局为重！"张珊的一番话让徐露露走出了"心理误区"，两个人决定联手工作。

张珊和徐露露联手工作后，任务很快完成了。第二年的总结大会上，徐露露在进行个人总结时真诚地说，自己在这一年里最大的收获是意识到团队的力量。

确实，团队力量能发挥出1+1＞2的作用，而个人如果斤斤计较，结果就会是不能成事只能败事。心存芥蒂反映出一个人的心胸狭隘。人只有打开胸怀，多一些包容，才能最终取得成功。所以，要想自己有大的发展，合作是第一选择。好的团队成员会扫除报复之心和嫉妒之念，以一颗真诚的心包容他人，不感情用事，做事做利己利人之事。

心存芥蒂者，常思私利，会因"芥蒂"、私利伤了自身；心怀宽广者，会包容，不仅自己受益，他人也会受益。心胸狭窄是一种偏见、一种消极的工作态度、一种有碍人际沟通的不明智的行为。企业需要积极的员工、心态健康的员工、胸怀宽广的员工、懂得包容的员工，因为这样的员工是团队合作中需要的员工。

管理心言

放下心中的"芥蒂"、私利，放下个人的"恩怨"、计较，多包容他人，多互谅互让，互帮互学，团队凝聚力就会增强。

做人要有"底线"

生活中，人们常以"墙头草"来形象地比喻那些立场不稳、左右摇摆之人："墙头草"，两边摇，哪边势强哪边倒。在团队中，也有"随风而倒"的"墙头草"，甚至可以说，"墙头草"这种行为已经成为某些人的职场生存态度和生存"技巧"。

1. "墙头草"的几个典型表现。

（1）人云亦云。

有些人没有自己的观点，永远只是附和他人的意见，他们或者是为了某种利益而将自己的真实想法隐藏起来，以避免与他人发生冲突；或者是根本就没有自己的想法，只知人云亦云。

（2）见风使舵。

有些人遇到纷争时，哪边"势力"大就倒向哪一边；一旦一方失势，又马上倒向另一边。趋炎附势、见风使舵是他们的常态。

（3）翻脸无情。

有些人平时与他人勾肩搭背、称兄道弟，出了问题立刻与对方划清界限，"翻脸如翻书"，常做见利忘义之事。在他们心中，利益永远大于友情，他们不会对他人付出真心。

2. 做"墙头草"的不良后果。

做棵"墙头草"，可能暂时会获得一些"实惠"，拥有一时的"风光"，但从长远来看，吞下"苦果"的也一定是他们自己。因为：

（1）他们很难取信于人，在团队中"东摇西摆"，极易动摇团队精神。

（2）他们容易变成团队斗争的"牺牲品"。

（3）他们经常遭遇职场生存危机。

（4）领导一般不会将他们视为骨干力量，所以他们很难被重用。

（5）关键时刻无人为他们说话、替他们分担责任。

3. 如何避免自身"墙头草"行为的发生。

虽然大多数人主观上拒绝"墙头草"的行为方式，但有时难免或多或少会出现"墙头草"的倾向，这是因为人们自身对利益的判断与选择能力不足。

著名的"手表定律"告诉我们这样一个概念：只有一只手表的时候，我们可以知道时间；但如果有两只或更多的手表，我们反而不能确定是几点了。

身处价值观多元化的职场，如果自己没有一种坚定的、一以贯之的原则来判断、分辨、选择的话，就会感觉无所适从，就会左右摇摆。所以，我们要做的是：找准一只"手表"，把它作为自己的唯一标准，一以贯之。

4. 团队如何杜绝"墙头草"式员工。

团队中要引入竞争机制，一方面在内部形成"比、学、赶、超的积极氛围，推动每个成员不断自我提高；另一方面，通过竞争的筛选，保留最好的，剔除最弱的，从而实现团队结构的最优配置，激发出团队成员的最大潜能。

团队中，成员要有明确的立场和观点，要服从团队原则和标准，不能轻易受人观点的影响，形成自己错误判断与选择。团队还要将绩效考核引入进来，表现突出的人要树立为典型，给予充分的肯定和奖励，鼓励成员争当"英雄"，发挥个体的主观能动性，"拖后腿"的人要批评，要帮助，要杜绝团队的不良之风，把团队打造成一支积极主动、相互协作、责任第一、竞合共赢、持续创新、风气优良的团队，实现团队的最优化。

真正的好团队是牢不可破的团队，体现一个最大特点是内部团结，团结包含：团队成员间相互的高度信任，即成员彼此相信各自的工作态度、工作能力；管理者对成员的信任，主要表现为管理过程中的透明度和公开性。团队的团结能建立起互相信任的氛围，既能支持成员积极开发自身技能，建立一种勇于承担风险的自信心，又能使成员之间互相鼓励、互相督促，为他人的工作提供建议和帮助，进而实现成员创造性潜能的最大释放。

在团队风气上，管理者要能够容忍成员有不同的观点，要支持成员创新精神，鼓励成员之间开展批评与自我批评，不做背后"小动作"，不做丧失底线的事。

管理心言

培养团队好风气，不做丧失底线之事。

眼光放长远，方能成大事

有人说，鹰的眼光是锐利的，因而能迅速捕获食物；壁虎的眼光是长远的，因而敢于自断其尾；人的眼光是智慧的，因而能在人生的征途上收获果实。

1950年，在"商业巨人"李嘉诚的塑料花工厂成立时，为了节省微薄的租金，他选择了一个破旧的货仓做工厂。不久，因香港连降暴雨，刚刚添置的塑胶机器全部被泡坏，结果工厂开业不到两个月就需另觅厂房经营。但李嘉诚并未以"运气不好"为由怨天尤人，而是认识到未来每做一件事，都需要将其种种环节考虑周全，并给自己留出余地。日后，已经被训练得极为谨慎的他在买下一艘游艇时，附加定制了两个引擎、两个发电机，以备不时之需。他甚至还想到，"如果两个引擎和发动机都坏掉，船上还应有一个有马达的救生艇。"正是因为李嘉诚具有长远的目光，后来才把公司做成世界级公司。

只顾眼前利益的人，只能得到蝇头小利；而目光长远的人，方能笑到最后，摘取胜利的果实。在团队中，眼光放长远，即使面对激烈竞争，也会以集体利益为重，顾全大局，个人服从集体。

什么是把眼光放长远呢？就是不能只看到眼前的利益，要从长远的角度考虑，不要斤斤计较，不要因小失大。当然也不要好高骛远，一切要讲求实际，脚踏实地。

《伤仲永》中的仲永是个天资不错的人，后来却"泯然众人"，就是因为他的父亲缺乏长远的眼光，没有给仲永提供良好的学习环境，导致他"小时本事大，长大却不佳"的不幸结局。而"三迁"的孟母有长远眼光，最终将孟子培养成才，孟母也成为"望女成凤、望子成龙"的父母学习的典范。

人的眼光放长远是需要内心"强大"的。

1. 拒绝各种内耗等恶性事件。

所谓"内耗",就是内部不团结、不协调所导致的人力、精力、物力的消耗。于个人而言,会消耗人的精力,导致人的工作效率降低,还会使人内心失衡;对于集体而言,会极大地破坏团队的团结,妨碍团队工作的顺利开展。所以,团队成员眼光要放长远,拒绝任何内耗等恶性事件发生。

2. 低调做人,融洽关系。

俗话说:做事低调,做人也要低调。这样不但会使人与周围人之间的关系更加融洽,而且还会给个人增加"印象分"。团队中低调做人值得提倡,低调做人是人成熟的表现,也是为人处世的一种基本素质,更是成就事业的基础。

3. 不占"小便宜"。

一个目光长远的人不会斤斤计较,更不会在意眼前的小利益。他们会以大局为重,凡事从大处着眼,不与人相争,不与事较真,全力以赴,努力工作。

美国一个名叫杰米的年轻人进入公司之后,从不花费心思去做无谓的计较,而是一心一意地努力工作,提高自己的工作能力和业务水平。

他不占"小便宜"的作风，他积极努力的工作态度，使他总是能够挖掘到一些潜在的客户，不断提升自己的工作业绩和影响力。后来，他被派往芝加哥工作，之后又被公司聘为高管。

"小便宜"只能让人得到一时的"实惠"，但很可能将人拖入贪心的泥潭。做大事的人万万不能被眼前的小利益"拖住"。要把眼光放长远，即使失去一些小利益，将来收获的一定是大收成。

管理心言

具备长远的眼光，方可成就大业。

"补台"不"拆台"

有人说:"相互补台,好戏连台;相互拆台,共同垮台。"据调查,工作中最让人鄙弃的三种行为是:推卸责任、打小报告、背后"拆台"。

而背后"拆台"现象产生的原因就是私心私利在"作祟"。这种现象在团队中是绝对要杜绝的。

古时有个故事:在一个寒冷的冬天,一个卖烧饼的和一个卖被子的同住在一个破庙里避寒冷。卖烧饼的人很冷,卖被子的人很饿，但他们都不愿主动帮助对方。就这样，卖烧饼的人一个一个吃烧饼，卖被子的人一条又一条加被子，谁也不愿意主动为对方去"补台"。到最后，卖烧饼的人冻死了，卖被子的人饿死了。

团队中"和则两利，损则两伤"，因为任何人都不是孤立存在的，都要受到团队的影响和制约。

小王是某软件公司的程序员，接受公司任务负责部分软件程序的编写。与小王一起编写程序的还有小孙，小孙年龄虽小但编写程序的水平高于小王，这令小王有些嫉妒。

在一次酒会上，小孙很是风光，显得"星光熠熠"，而小王却十分落寞。小王暗中做了一个决定：找个时机"报复"一下小孙。

一天，小王将小孙编写好的程序随意做了一些改动，结果不但毁掉了小孙的劳动成果，甚至差点毁掉公司开发的整个管理软件。事后公司经过调查，发现是小王在程序上做了手脚，不但将他开除，还差点把他送上法庭。

"拆台"是一种自私愚蠢的行为，顾全大局、相互帮助才是团队制胜的"法宝"。"拆台"拆去的不仅仅是他人的利益，更是自己安身立命的基础。所以，不管是为他人着想还是为自己着想，都要学会"补台"，不要"拆台"。

1. "补台"是"友善"的情感表达。

在工作中,难免出现困难,在他人遇到困难的时候及时挺身而出,帮其解决问题,这是"补台",是一种"雪中送炭"。如果你这么做了,不仅能够提高别人对你的认可度,而且"赠人玫瑰,手有余香",也会使你的人际关系更加和谐。

某公司召开一年一度的业务洽谈会,公司的重要客户基本上都到场了。主管发表完简短的开幕词后,由几位主要客户代表发言。

某客户代表拿着发言稿发言时,误把公司名称中的"烨"念成了"华",引起场下一片哗然。此时公司的业务员小王灵机一动,主动举手站起来说:"不好意思,是我的问题,我在传真上写错了公司名字!"主管听后不但没生气,反而心照不宣地配合了一下:"以后认真一点,不要再出错!"

洽谈会结束后,该客户代表向小王和主管表达了真诚的谢意,并且第一时间签订了合同。几周后,主管把善于"补台"的小王提拔成了自己的副手。

2. "补台"是给他人"搭台阶",更是为自己"留后路"。

一个人需要别人"补台"的时候,一定是遇到难处需要帮助的时候。此时伸出你的援助之手，为其"架梯补台"，使其感受到温暖与力量的同时，你也会赢得他人的感激与尊敬，还会为自己留下发展的空间，以后当你深陷困境的时候，也同样能得到他人的帮助，所以说帮人就是帮己。

3. "补台"是维护集体利益的表现。

团队是个利益共同体，只有成员相互合作才能规避风险，赢得成功。个体间通过相互合作实现整体利益最大化，达成共同的目标。

"补台"是团队中发展的"催化剂"，如果人人都能"补台"，就不会有斤斤计较，就不会有孤立无援，自然就会形成"优势互补、相互促进"的良好局面。

"补台"表现出一种以大局为重的责任感，是一种充满友爱的善举，每一个团队成员都应具有"补台"不"拆台"的意识，以促进个人和团队的共同发展。

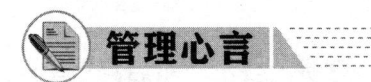

管理心言

"补台"不"拆台"，可促进个人和团队的共同发展。

"强强联合"的智慧

许多人认为，竞争对手就是"敌人"，与"敌人"握手言和是不可能的。于是，对"敌人"就要打压，甚至打败从而让自己获得成功。但实际上，团队真正赢得成功的方式是：强强联合！

工作中，对待竞争对手应理性地去认识，把对手当成鞭策自己不断向前的动力。如果能与竞争对手交朋友，学习其优势，取长补短，更是一种充满智慧的选择。

徐辉是公司一个部门的主管领导，他有个下属叫赵文华，名校毕业。他是一个十分上进的人，自从到公司后，立即成为公司里的"明星"。

两人虽是上下级关系，有着竞争关系，但是却都把彼此当作"镜子"看待。徐辉虽身居"高位"，却常不耻下问，向赵文华请教。

后来公司高层打算在徐辉的部门里提拔一个助理，徐辉毫不犹豫地向领导推荐了赵文华这个潜在的"竞争对手"。他说："尊重对手就是尊重自己，向对手学习，自己也能获益良多！"

1. 向竞争对手学习是一种智慧。

许多人的成功来自于竞争对手的压力，因为压力可以转化为动力。人若没有竞争对手，有时就会失去前进的动力。所以，向竞争对手学习是一种促使自己进步的方法。但如何向竞争对手学习呢，最好的方法就是与他成为朋友！

小张和小王在某公司同时负责销售工作，他们团队的业绩直接影响着公司经营的情况，也就是说，小张和小王既是竞争对手，又是团队中不可或缺的成员。他们需要彼此配合，才能提高工作效率，为公司创造效益。

面对竞争时，"强强联合"是一种最好的合作模式。团队成员在竞争中要以大局为重，如果把彼此当成"敌人"，无异于损害集体利益。小王和小张都明白这个道理，他们联起手来，相互学习，共同分享市场资源。在两个人的共同努力下，团队的销售额一天比一天高。工作业绩上的突出表现也为他们带来了实际的收益，达到了双赢的目的。

2. 与竞争对手交朋友是一种做人的境界。

有这样一句名言：一匹马如果没有另一匹马紧紧追赶并要超过它，就永远不会疾驰飞奔。其实竞争对手也像是"陪练"，陪你一路前行，直至取得成功。

歌德在形容他与席勒的友谊时说："席勒和我多年在一起，兴趣相投，朝夕晤谈，互相切磋，相互影响，两人如同一人，所以关于某些思想，很难说其中哪些部分是他的，哪些部分是我的。有许多诗是我们俩一起合作的，有时灵感来自于我，而诗是他写的；有时他作头一句，我作第二句……"

与竞争对手交朋友，是一种高超的人生境界。一个人倘若能够与自己的竞争对手友好相处，这个人一定是个胸怀宽广的人。

而善待竞争对手，与竞争对手同台竞技，包容竞争对手，成功就会在不远处。

管理心言

建立完美团队，必须强强联合。

打造个人独特魅力

魅力是人自然流露出来的东西，能够帮助一个人得到更多关注，从而引发"连锁效应"。魅力不仅仅是一种吸引力，更是一种无形的资本。而独特魅力是区别与他人的标志。有些人浑身散发着智慧的光芒，成为群体中受欢迎和受倾慕的人，或可称为"人缘好"的人。

在团队工作中，打造个人独特魅力同样很重要。那么，如何打造属于自己的独特魅力呢？

1. 以礼待人，热情待人。

一个人是否拥有独特的魅力，与能否以礼待人有直接关系。在团队中，以礼待人，热情待人不仅仅是一种修养、一种品质，更是和谐氛围的"制胜武器"。

汉克大学毕业后来到一家电信公司从事电网设备维修工作。这是一项很普通的工作，但是汉克却成了这家公司的"明星"。他"成名"的原因在于：以礼待人！在他看来，和人交流，彬彬有礼，是干好事业的基础。

汉克总是用幽默的语言帮助他人缓解工作压力。不管是碰到年轻人还是比他年长的前辈，也不管对方的身份如何、地位高低，他都能礼貌待人，让人感受到温暖和关怀。

2. 装扮得体，注重仪表。

得体的装扮不仅可以吸引人，而且也是一种提升个人魅力的手段。

马苏是一位成功的职业女性，对于仪表装扮她说出了这样的感受："我觉得一个女性要想在职场上获得更多的机会，应该做足仪表功课，比如，穿着得体的装扮。我总是把自己打扮得既得体又不失个人特点，这样给人留下鲜明的印象。而且遇到拥有相同品位的客户，既能提高自己的个人魅力，又能拉近彼此的关系，对工作也会有很好的帮助。"

3. 拥有渊博的学识。

人的魅力散发，除了靠礼仪、靠装扮，还要靠渊博的学识。学识让女人优雅、让男人成熟。学识也是丰富自己，提升个人魅力和职场竞争力的有力武器。

当然，打造个人独特魅力的方式还有许多，比如，做人讲原则、做事果断不拖沓、工作效率高，等等。

人一定要拥有自己的独特魅力，这样才能提高"气场"、凝聚"人气"，为自己赢得更多的机会。

管理心言

人一定要拥有个人独特魅力，这样才能提高"气场"、凝聚"人气"，为自己赢得更多的机会。

多和上司沟通

与领导有效沟通是好员工必备的能力，但是能够做到这一点的员工其实并不多。在团队中，除了要摆正自己的位置，和同事和谐相处，还要尊重自己的上司，维护上司的威信，有问题多向上司请示，多与上司沟通。

那么，作为员工如何和领导有效沟通呢？首先要摆正心态，注意说话时的语言和态度，不要浮夸和自大，也不要畏惧或恐慌。一定要自信。还可把想向领导汇报的东西先写在纸上，以便理清思路。有些员工认为自己能力很强，办事牢靠，所以从不"惊动"上司，这种员工的"自我"也不利于领导掌握工作进程；员工只有与领导有效沟通，才能让领导了解工作，包括进展到了什么程度、有哪些问题需要解决等。

王小姐做事认真细致，和同事、下属关系都很融洽，可是她不愿意和上司主动交流。她说自己其实挺欣赏上司的，认为他敬业、有才华、对下属负责，但不知为什么一见上司就底气不足，对和上司沟通的事能躲就躲。

有一次，因为没有听清楚上司的意思，导致上司交给她的工作被耽搁了，上司事后问她："为什么你不过来再问一声？"她说："怕你太忙。"上司很生气："我忙我的，你怕什么？"

长此以往，王小姐一和上司沟通就紧张，出现脸红、心跳、说话不利索的状况。大家都认为王小姐怕上司，她自己也这么认为。上司看见她这样，也就更不愿和她单独沟通了。

一次晋升的机会来了，大家纷纷参加竞聘，王小姐也很想抓住这个机会，但又犹豫了，因为升职后会面临比较复杂的工作关系，需要经常和上司保持沟通。她觉得自己天生怕领导，于是没敢去参加竞聘。

王小姐的例子可以说具有一定的代表性，反映了一些人的心态和做法。其实，融洽的上下级关系对员工、个人事业的发展是很重要的，与上司交流也并非想象中那么困难。合理的沟通观念应该是：和上司沟通是工作中的重要步骤，你需要从沟通中了解上司意图，获得上司支持，把握自己未来的工作方向，在计划上统一步调，避免工作重心偏离团队目标，影响整体工作效果。

潘强是个能力很强的人，他为人耿直，工作从不拖泥带水，办事干脆利落。潘强的对桌是个年龄比他略大的女孩，叫罗琳，来公司比他晚，性格很随和。他们都从事市场公关工作，只是负责的区域不同。

潘强不怕吃苦，自认为领悟上司意图的水平很高，于是只要接受任务，就"冲锋"在前，不再向上司请示及汇报工作。罗琳却时常请示上司什么事情该怎样办，或请上司出主意。有人甚至觉得罗琳是个没有主见的人。

但是后来，罗琳竟然成了潘强的上级。原来罗琳擅长与上司沟通，听取上司的指导；而潘强则习惯按照自己的意志工作，主观性太强。

多向上司请示，多与上司沟通，从上司那里得到支持和建议，能更好开展工作，也会给上司留下了解员工的机会。

所以，与上司有效沟通，不是可有可无之事，也不是表示自己"无主见"，这是工作的一种能力。

上司之所以能够成为上司，肯定有其高明的地方。作为下属，向上司汇报工作、沟通工作，对工作的开展都是非常有利的。

通常情况下，不管员工个人实力多么强，身处下级位置，就要服从上级的指令。同时多汇报、常沟通是对工作负责的行为。

人们常说下级要有"汇报"意识，即要让自己的领导多了解工作进展以及工作的完成情况。下级需要向上级汇报的内容有很多：完成工作后的结果要汇报，未完成的工作进度要汇报，在工作中出现的问题要汇报，自己工作中有何想法要汇报。

徐丹是老板的助理。她的工作一是帮老板处理内务，二是向老板汇报各个部门的工作。徐丹一直把请示汇报工作放在首位。

徐丹说："能够当老板的人，都不是简单的人！"徐丹认为，多跟老板沟通，多汇报工作，能学习到很多工作经验，降低工作出错率，还能得到上司的支持和帮助。

"多请示、多汇报"是员工与上司有效沟通的最好方式。员工如果懂得了"多请示、多汇报"的道理，其职场之路定会走得更加顺畅。

而与领导沟通需要运用沟通技巧，因为有效沟通是一种重要的技能，员工在和上司的沟通中需要不断地提高自己的技能，比如在沟通内容上，要做到观点清晰，重要内容有理有据且便于理解；在方式上，要配合上司的说话频率、语言风格、态度、情绪等，达到沟通目的。

管理心言

与领导沟通要掌握好技巧，做到有效沟通。

团队要有分享精神

生活中的许多快乐，都是互相分享得来的。把自己的快乐带给别人，让别人收获一份快乐，同时自己也会感到更快乐，不是吗？

分享是一种态度，也是一股强大的力量。一份快乐多人分享，就变成了多份快乐；一个困难多人分担，则稀释成点滴的困难。分享可以改善人际关系，懂得分享的朋友，友谊必定长存；懂得分享的情侣，爱情不会褪色；懂得分享的家人，家庭充满了温馨。

分享也是有团队精神的一种表现。与他人分享荣誉，亦是为下一次的成功做铺垫。俗话说：鱼儿离不开水，鸟儿离不开天空。一个人的成功同样离不开团队中其他人的支持。分享让团队成员不再孤军奋战，分享让团队凝结温暖和力量，朝着梦想前进。分享，是成员们心与心的交换；分享，是成员们情与情的传递！

詹姆斯曾经是一名勇敢的战士，战功赫赫。后来，他成为西点军校的一名教官，外号"魔鬼"！

这天，来了一批新兵，这批新兵有一个通病：过于自私。詹姆斯认为：军人，必须抛开私心，改掉自私的毛病。詹姆斯决定用一种特殊的方式训练他们。

"又是五十公里徒步穿越……我真的受够了！"一名新兵发起了牢骚。

另一个新兵也在抱怨："这把突击步枪足足有一个人重！"

许多新兵被詹姆斯"折磨"得痛苦不堪。

经过一年多的"魔鬼训练"，这批新兵分别被派到了各个地方的各个危险角落，一个名叫阿西斯的年轻人就是其中一个。当阿西斯躲在满是弹坑的巷道里回忆自己的训练经历时，他竟然笑了。后来，阿西斯带领着他的分队在某巷战中取得大捷，他说："这份荣誉不仅仅是我阿西斯的，而是大家拼来的！"

此时的阿西斯终于明白了"魔鬼"詹姆斯当初疯狂训练他们意志的初衷——让他们懂得"同甘共苦、分享荣誉"。他也明白了：去掉私心对军人的重要性。

职场如战场，职场更是"同舟共济、共渡难关"的地方，也是互相尊重、互相支持的地方。一个人很难成功，"独行侠"在职场中是不提倡的，而优秀团结的团队，才能取得大发展。

有个人见一个盲人打着灯笼，不解，询问缘由。盲人说："我听说天黑以后，世人都跟我一样什么都看不见，所以我才点上灯为他们照亮道路。"

那人说："原来你是为了别人才点灯，你很有善心。"盲人说："其实我也是为自己点灯，因为点了灯，别人在黑夜里才能看见我，才不会撞到我。"这位盲人很有智慧，他明白，为人就是为自己的道理。

中华民族自古以来就是一个谦虚友爱的民族，从古时起就留下了许多关于热心友爱、互帮互助的诗句。古人认为谦谦君子要孝顺父母，爱护兄弟。孔融让梨的故事也反映了要尊老爱幼、人要学会分享的道理。

在团队工作中，成员既要充分认识到分享的重要性和必要性，也要拿出行动去做。每个人都自己的闪光点，只要肯挖掘、肯展示，一样能给他人带来益处。

有些人觉得分享的对象跟自己是同行，害怕自己多年的经验、高招让别人学了去，抢了自己的"饭碗"，就像猫和老虎的师徒故事中那样，自己必须"留一手"，不然会被他人超越；还有的人宁肯抱残守缺也不愿把自己的经验拿出来示人，这都是狭隘的思想。

经验是守不住的，"高招"也是会被超越的。所以，团队中成员要做一个懂得分享的人，做一个向他人学习的人；而不是做一个自私自利、将荣誉、经验独揽己身的人，因为这样在团队中走不长远。

管理心言

分享是团队精神的一种表现。

团队沟通要做好

　　团队沟通包括团队内部发生的所有形式的沟通，是团队工作中的一项重要内容。团队内部如果能保持畅通的沟通渠道，对团队发展会产生巨大的作用，会使合作性群体的绩效提高更快。

　　团队内部的沟通不仅仅是团员之间的语言交流，还是团员对看到、听到的事情的理解和自己思想的传达。在团队中进行有效的沟通，是团队中的一种互动沟通，它能帮助团队实现和达成目标。当然，团队效能的产生并不局限于沟通这一方式，但有研究表明，沟通模式是预测团队能否成功最重要的指标之一，其作用甚至超过了某些因素的总和。

沟通一定要做到互动，有效，这样才是真正意义上的沟通。有效沟通就像一门艺术，不仅能够展示出一个人的沟通水平，而且还会促进沟通的开展，提高执行的效率。

沟通是团队协作的桥梁。团员之间离不开沟通，工作也离不开沟通，有效的沟通可以帮助团员化解危机和问题，消除矛盾和误会，是团队常用的一种交流手段。

团队沟通的方式有很多，但最有效的还是面对面的沟通。发短信或者写邮件只是沟通的一种方式，但这种方式的效果往往不如面对面沟通更直接。

面对面的沟通不仅直接，而且从某一方面来说是一个讨论、商量甚至是辩论的过程，在团队工作中，这种方式能培养员工的参与意识，也能帮助管理者更好地了解团员的工作进展、工作思路，以及帮助他们更好地解决问题、增强自信等等。这种方式既可以在上班时间进行，也可放在下班后。比如：成员之间可以经常在一起开会、进行"头脑风暴"或者聚餐，这些都是增进沟通、加强团队建设的好方法。

沟通是一个心理层面的问题，是人与人之间传递情感和反馈交流的过程，沟通的目的在于"达成一致"。简而言之，沟通各方其实都为同一个目的而来，而有效沟通则是提高沟通效率，缩短达成目的的最佳方式。

一般来讲，一个人在沟通中应注意控制自己的情绪，判断信息交流的准确性，并根据对方的反应调整交谈内容。比如，采用较平缓的语调、不急不怒的态度会有助于让对方知无不言，而带有"火药味"的说话、歧视性的态度则往往使双方陷于僵持局面。

团队中的沟通，信任是基础。当然，上级与下级的沟通，下级与上级的沟通，同级沟通都需要掌握技巧、方法。

下面是进行有效沟通的几个方法，供大家参考。

一是必须知道要说什么，要明确沟通的目的。如果目的不明确，说再多也没用，达不到沟通的目的。

二是必须知道什么时候说什么话，并要掌握好沟通的时间。比如领导正忙于工作时，你如果要求他与你商量工作的事情，显然不合时宜。

三是必须知道对谁说，要明确沟通的对象。如果你选错了对象，也达不到沟通的目的。

有一个谈判专家，他曾经是一个性格内向、不善言谈的人。在他还是一名学生的时候，他并没有表现出"沟通"的天赋，他不爱说话，甚至不会交朋友。但是步入职场后，因为工作原因，他必须要学会与人沟通。在与客户的沟通交流中，为使每一次交流都能顺利进行，他不断改进自己的沟通方式，尝试各种控制情绪的方法，最终成为一名沟通方面的专家。

他的经历说明了：有效沟通的能力不是人天生就具备的，而是需要后天的刻苦磨砺与培养。

那么，怎样才能做到有效沟通呢？

1. 提供有效清晰的信息。

与对方的沟通是否有效，关键在于所提供的信息本身。如果提供了一个含糊不清的信息，就会使对方产生困惑；如果提供的信息是虚假的，则会对对方形成误导。所以，提供信息一定要真实可靠、清晰有效，这样才利于沟通的开展。

2. 沟通要真诚。

一个人真诚与否是决定沟通是否有效的重要因素。有些人总是在沟通中表现出"趾高气昂""高人一等"的姿态，这种不对等的沟通是难以顺利进行下去的。俗话说：心诚则灵。有效沟通，"心诚"是关键。

3. 控制好情绪。

人在沟通过程中因为意见不一致而发生争论很常见，偶尔的小争论不要紧，但激烈的争论则不仅不能解决问题，还会令双方意见上的分歧更加严重。

所以，在沟通时，学会控制好情绪非常重要。"有话好好说"，"遇事不着急"会令沟通畅快进行。

管理心言

沟通的目的在于"达成一致"，能达成目的的沟通才是有效的沟通。

团队中的坚持与妥协

虽说没有过不去的"坎儿",但是有些"坎儿"不是一定要"过"。如果"坎儿"在你能力解决范围内,那你应该尝试解决;但倘若在你能力解决范围外,适当妥协也许就是一种正确的选择。

坚持和妥协的关系是一对矛盾的,什么时候该坚持,什么时候该妥协,这个困扰着许多人。在团队中,如果成员发生利益冲突,此时若一味坚持不让,只管自己,不顾他人,这种做法会使矛盾扩大，会让团队出现不和谐音。这就是不妥协的结果。而每个团队都希望营造出积极健康的环境，每个管理者也都希望与自己的成员和谐相处，互谅互让。所以，学会坚持有度、适当妥协，"万事留有余地"，是使团队团结的又一"法宝"。

1. 适当妥协不是"无能"的表现。

曾经有一群登山队员，他们在征服了海拔超过8000米的珠穆朗玛峰和希夏邦马峰以后，又准备挑战海拔7782米的南迦巴瓦峰。

南迦巴瓦峰的高度虽然不及珠穆朗玛峰，但是却极少被人征服。藏语中，"南迦巴瓦"的意思是"天上掉下来的石头"或"直刺天空的长矛"，意指地势极其险峻，而其周围的天气也总是变幻莫测。

登山队员在海拔4850米的地方扎营，准备第二天进行登山冲刺。

第二天天微微亮，天空万里无云，天气非常好。队员们备好行装，向海拔6900米的大本营前进，作为冲刺前的最后准备，路上，有人还轻快地唱起歌来。

但是，天有不测风云，当他们正觉运气好的时候，南迦巴瓦峰突然"大发雷霆",气温急降,下起了暴风雪。登山队的队长迅速发出指令,让队伍撤回到山下。

过了几天,登山队再一次向南迦巴瓦峰发起冲击。这一次队员们铆足了劲,终于成功地站在了南迦巴瓦峰的山顶上。

在无能为力的时候,登山队员们选择了妥协,而非坚持。这种妥协并不等于放弃,是为了避开风险,是为了等待一个更好的时机。

有人说:"遇到难以克服的困难时,不要'硬碰硬',因为'硬碰硬'只会伤了自己。"是的,妥协有时像一把"自我保护伞",只有先保全自己,才有可能最终成为胜利者。

适当妥协是一门艺术,而"以卵击石"是很危险的做法。所以,在出现争执、问题时,要学会妥协,以换来更加自由的广阔天地。

2. 留有余地,进可攻,退可守。

有句老话告诉人们:利不可赚尽,福不可享尽,势不可用尽,话不可说尽。职场之路并非一帆风顺,总会有一些意外发生。适当妥协,留点余地应对意外,"容纳"意外,为自己"搭建"一个个人生的"保护驿站",如此才能进退自如,来去潇洒！

有这样一个寓言故事：一天，狼发现山脚下有个洞，各种动物都由此通过。狼非常高兴，心想，守住洞口就可以捕获到猎物。于是，它堵上洞的另一端，等动物们来"送死"。

第一天，来了一只羊，狼追上前去，羊找到一个可以逃生的小洞仓皇而逃。第二天，来了一只兔子，狼奋力追捕，结果兔子从洞侧面一个更小一点的洞里逃走了。

气急败坏的狼找寻了大大小小的洞并全都堵上，心想，这下万无一失了。第三天，来了一只老虎，狼在山洞里窜来窜去，却由于没有出口，无法逃脱，最终被老虎吃掉了。

工作中与人打交道，会遇到各种性格的人。所以，不妨多给他人留些情面，使其避免尴尬、难堪，同时也为自己留些余地。

徐欣是一位名牌大学毕业生，她不仅学历高，而且口才很好，擅长交际应酬，很受上司赏识。徐欣十分懂得"凡事让三分"的道理，即使和他人发生争论，她也会很婉转地表达自己的观点。每当同事提建议时，她都会认真聆听，而后客客气气地表述自己的观点。

由于性格随和，徐欣在职场中的"人缘"相当好，在团队工作中,她得到了许多人的帮助,事业之路走得颇为顺利。

在团队中,学会坚持和妥协很重要。坚持和妥协不是非此即彼的选择,"坚持"不等于拒绝接受任何意见,"妥协"也不是放弃自己的全部立场。团队成员要善于在坚持中妥协、在妥协中坚持,这是处理团队关系的高境界。

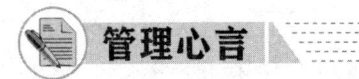

管理心言

团队成员要把握好坚持与妥协的"度"。

团队中情绪自控很重要

有一句话说得好：你无法改变别人，但你可以改变自己；你无法改变天气，但你可以改变心情。

团队工作中免不了磕磕绊绊、各种竞争，为了在工作中高效执行，就要学会管理自己的情绪，保持自己平常心态，与同事、上司和谐相处。

情绪管理能力与情商高低有很大的关联，那些常常陷入情绪之中的人是不会管理好自己的情绪的。而团队成员要做好情绪管理，成为情绪的主人，不能让情绪牵着鼻子走。

许多人爱感情用事，凡事凭个人的好恶而行。"敢爱敢恨"虽然看上去很痛快、很有个性，但身在团队，这样做往往会影响团队成员之间的关系。

那么，团队中如何做到有效情绪管理呢？

（1）做到自我控制，无论情绪多么不好，也尽量不要将自己的情绪传染给他人。

（2）敢于面对，当自己情绪低落或遇到挫折的时候，不要逃避，要敢于去面对，拿出勇敢解决的态度，战胜不良情绪。

（3）懂得放下，有些问题不是当下就能解决的，要学会放下，让情绪从激烈中得到缓和。

（4）适当表达，不要将所有的情绪都压抑在心里面，这样只会使自己心情更糟，要学会将情绪正确表达或释放出来。

小刘大学毕业后到一家上市公司从事市场营销工作。他角色转换得相当顺利，不久就为公司创造了大效益，得到了公司及部门领导的一致肯定。

但后来，小刘与女友分手了，他一度情绪十分失落。小刘把这种不良情绪带进了工作中，常常与同事和上司发生冲突，后来他在公司待不下去了，只好辞职。此后他又找了几份工作，最终却都因过于感情用事而遭到解雇或被迫辞职。

一向自信满满的小刘不禁自问："我到底怎么了？"后来小刘去找心理专家咨询，心理专家的结论是：小刘不能控制自己的情绪。尽管小刘有很强的业务能力和专业素质，但是因感情用事，太过冲动，所以对自己的职场之路造成了不利影响。

美国心理学家曾在"情绪管理"方面做过细致的研究，研究表明：控制情绪是大多数企业对员工的一项基本要求，尤其是在管理、服务行业。所以，学会控制自己的情绪，学会自我调节心态，是保持良好人际关系、获得成功的重要条件。

奥古斯丁是美国一家电信公司的员工，他已经从事了三十年电信终端销售工作，由于工作扎实、服务态度好，如今他已经是一名大区域经理。

"我们想继续采购你们公司的电信设备。"一位客户坐在奥古斯丁的办公室里说。

"当然可以，而且我们还会继续提供安装、维护等各种服务。"

客户看到奥古斯丁办公桌下压着的大学毕业照上有一个人十

分眼熟，于是问道："这个人好像在哪儿见到过？"

"他是爱德华·怀特克里！"

"就是AT&T的老板？"

"对！"

"为什么他能当上老板，而您仅仅是一个区域主管？"

奥古斯丁笑着说："如果我能像他那样克制自己，或许我就是AT&T的老板了！"

成功的人大多不会感情用事，而是遇事冷静、处事谨慎的人。他们无论遇到大事小事，都能控制好自己的情绪，拥有很强的自控力。

团队中成员控制自己的情绪，应从以下几个方面入手：

1. 学会转移不良情绪。

学会转移不良情绪，把注意力暂时转移到其他感兴趣的事情上，从而达到控制情绪的效果。比如，遇到困难或心情不好时，可以去散散步、看看书，或者请假看一场电影等。

2. 培养宁静平和的心态。

团队要提倡学习精神，成员平日可多看书，多进行有益于身心健康的锻炼，多和志趣高雅的人交流，这样能培养宁静平和的心态，更好地控制自己的情绪。

3. 换个角度看问题。

凡事有两面性，看待事物也要一分为二。遇到情绪低落的时候，如果换一个角度，就可能会重新振作起来。有人说："当一个人跌入谷底时，正是他上升的开始。"用积极的眼光看待消极事物，得到的就会是积极的答案。

4. 学会独立思考。

团队成员要有独立思考、独立分析、独立判断、冷静面对的能力，这是从根源上控制情绪的基础。人不管遇到什么样的事情，都要先冷静、再分析，然后做出理性的判断。

5. 用适当的方法表达情绪。

用适当的方法表达情绪也是一种管理情绪的方式，运用好了，不但可以缓解自身的压力，还可以拉近与他人之间的关系。

比如，一个团队的领导者，当工作压力袭来时，如果朝着团队里的人大发雷霆，这对他开展工作没有任何帮助，这就是情绪表达方式不合适的问题；而合适的表达是平心静气，提出问题，共同商量。

情绪管理是要经过训练才能做好的，长期训练并坚持下去，就会成为情绪的主人。

管理心言

用适当的方法表达情绪也是一种管理情绪的方式，运用好了，不但可以缓解自身的压力，还可以拉近人与人之间的关系。

在团队中快速成长

从心理学角度看，放任自我、我行我素是人的本性，也就是说，是人的一种本真。但在团队中，需要更多的是统一认识、向着共同目标前进、互帮互助的人，需要的是对团队规则的认同与遵从的人。

团队是由不同的人组成的，每一个成员既是一个追求自我发展和实现的个体，同时又是一个遵从团队约束的职业人。团队中个人与团队的关系就如小溪与大海，小溪只能泛起细小的浪花，百川纳海才能激发出惊涛骇浪。团队成员之间的关系是相互依赖、相互关联、共同合作，互相配合的关系。各成员要想成功地融入团队之中，必须善于发现每个工作伙伴身上的优点，不断改掉自身的缺点，使团队成为整齐划一齐头并进的队伍。

团队的高效率在于每个成员配合的默契，而这种默契来自于成员之间的互相欣赏和熟悉——欣赏长处、熟悉短处并扬长避短。如果团队达不到这种默契，合作就不可能真正实现。

我行我素、放任自我，看上去单纯直率，但其实是一种不成熟的表现。一个人身在团队中，就必须顾全大局，服从管理、协调作战。

下面几个问题团队成员尤其要注意。

1. "耍性子"是一种不成熟的表现。

有些员工动不动就"耍性子"，一切以自我为中心，这种行为是极其幼稚的。因为一个人使性子、恣意发脾气时，难免会"说错话"、"说坏话"，或许当时一句很随意的话，就有可能招致他人的不满，正所谓"祸从口出"。

李明是一个工作积极热情、充满活力的年轻人，他非常看不惯那些懒散的人，于是"直性子"的他经常直言不讳地批评这些人。虽然话没错，但出口伤人的行为使他得罪了不少同事。后来上司多次找他谈话，让他不要太由着自己的性子来。

在团队中，不能"要性子"，要学会用合理的、他人较容易接受的语言和方式表达自己的意见和态度。沟通时也要讲究语言艺术，既不能让他人情感上受不了，又要保持自己的真诚。还有，要把握自己的处事节奏，有自控力和忍耐力。因为人过分"有棱有角"，往往会伤到他人，也会遭到他人抵触，使个人的目的不能顺利达成。

2. 团队的"规矩"必须遵守。

团队是"操场"，不是一个可以随意"操练"的地方，而是一个有规则、有约束的组织，成员在其中不能随心所欲、为所欲为，必须用团队"规矩"规范自己的行为。

小李是团队的一名新员工，他性子直，自称是个直来直去的人，领导曾找他谈话，希望他注意说话方式，要考虑他人的感受，但小李很不以为然。

有一次，小李单独接待团队新发展的一个新客户，该客户也是一个性子直率的人，结果双方由于意见不同发生了争吵。后来客户把争吵的经过告诉了小李的领导，小李不但受到了严厉的批评，还被扣发了当月的工资。

3. 要在团队中尽快成长。

在西门子，员工有充分施展才华的机会，工作一段时间后，如果表现出色，都会被提升。优秀员工还可以根据自己的能力和志向，设定自己的职业发展规划，一级一级地向上发展。对那些一时不能胜任工作的员工，西门子也不会将他们打入"另册"，而是在尽可能的情况下，换一个岗位，多给他们一次机会，让他们试一试。许多时候，原本不称职的员工通过调整找到了自己的位置，干得与别人一样出色，这就是企业为员工成长提供了好平台。

团队成员要珍惜团队，在团队中施展才华，尽快成长。

4. 营造团队的合作气氛。

团队领导者要培养团队合作意识，充分调动成员的主观能动性。对能力强的成员，要进行正确的引导，充分发挥他们的长处；对于能力较弱的成员，在引导的同时，则应有具体的要求，让其明确自己的责任和工作任务；而在相互配合协作方面，要考虑各成员的互补性，用最佳组合方式，实现团队的目标。同时树立领导者的威信和感召力，以身作则，严于律己。

一个成功的团队，团队成长，员工也会成长。团队合作体现出的是一种坚强的精神，团队成员之间体现的互敬互重、彼此包容、和谐相处的精神。

员工是企业、团队的宝贵财富，企业、团队是员工的成长舞台。正确对待这种关系，企业、团队和员工才会共同遵守相互之间约定的规则、制度，切实履行自己的责任和义务，并甘愿接受违背规则、制度的后果。

团队不应漠视自己的成员，应处处为成员着想，让成员自觉地与团队荣辱与共，不离不弃，全心投入自己的知识、智慧、才能。同时，团队还要有不断进取的危机意识，努力跟上时代发展的节拍，满足团员的发展要求，使团队成员共同成长。

管理心言

成功的团队，团队成长，员工也会成长。

团队要提高"可融入度"

员工要有所作为,就必须把自己融入到团队之中,大家齐心协力共创团队发展。一位资深企业培训师说:"成功靠团队,胜利靠团队。"这句话虽然有点偏激,却凸显了团队精神在工作过程中的重要性。

在团队中,要明白一个简单的道理:合则两利,分则两败。

每年在美国篮球大赛结束后,常会从各个优胜队中挑出最优秀的队员,组成一支"梦之队"赴各地比赛,但结果却总是令球迷失望——胜少负多。其原因就在于它并不是真正意义上的团队，虽然组成的团队成员都是最顶尖的篮球选手，但是由于他们平时分属不同的球队，没有默契的配合，无法培养团队精神，因此难以形成真正有凝聚力的团队。而真正的团队有共同的目标，成员之间相互依存，相互影响，目标一致，步调相同，并且能很好地进行合作，荣辱与共，共同追求团队的成功。

事实证明，一个人如果善于同别人合作，即使自己能力上有所欠缺，也可以取长补短，顺利完成任务。相反，如果一个人的能力很强，但是不注重与其他成员之间的合作，就不能保证任务的顺利完成。

安妮和琼斯同在一家传媒公司的广告部工作。有一天，经理罗伯特分别交给她们一项开发大客户的任务，在她们离开经理办公室时，罗伯特特意叮嘱她们："如果有什么需要帮忙的话可以直接给我打电话，同时要注意和其他部门的协调。"

安妮的业务能力一向很强，她在广告部的业绩也经常名列前茅，因此她十分骄傲。离开办公室后，安妮心想："罗伯特有什么能力，他只不过比我早到公司几年罢了，我解决不了的问题拿到他那里恐怕也没办法解决。再说了，开发大客户的任务怎么和其他部门协调,其他部门怎么懂这种事。还是凭自己的能力和智慧吧,我一定要完成这项任务。"

而琼斯属于谦虚好学之人,她的业务能力略逊安妮一等,不过在团结同事和谦虚的学习精神方面比安妮强多了。走出经理办公室以后,琼斯直接到公司企划部和售后服务部和同事打了一声招呼:"过几天我可能有一些问题要向大家请教,同时也需要大家的帮助,在此先谢谢大家了。"

琼斯还想到:安妮比自己业务强,自己想提高业务能力,就必须向她学习;当然也要向罗伯特先生学习。琼斯花了很多时间与罗伯特商讨,还找过安妮,虽然安妮对她很不耐烦。

琼斯开始跑客户了,她真诚、主动、虚心,最终她的任务超额完成了,她为公司带来了好几笔大生意,公司也给了她优厚的奖励。

安妮虽然也联系到了一些大客户,但因为她太骄傲了,做事不够细心,导致有些客户最终选择了其他公司;有些客户因为没有得到更多的服务承诺而离开了;还有一些客户觉得安妮后期不够重视他们,也最终离开,安妮的任务没有完成。

上面的案例告诉我们这样一个道理:要完成一项任务就要注

重和其他同事及各个部门的合作，单凭个人"单打独斗"是行不通的。当然，如果团队只强调团队发展，忽视成员发展、成长，也是行不通的，其后果是成员要么离开团队，要么消极怠工甚至起破坏性作用。

美国得克萨斯州石油大王保罗·盖蒂说："我宁可用100个人每人1%的努力来获得成功，也不要用我一个人100%的努力来获得成功，况且我也成功不了。"

为了保持团队的能动性，团队的管理者不仅要努力留住优秀成员，还要不断地吸收符合团队需要的新人进入团队。而如何让新成员快速地融入团队，发挥个人绩效，给团队业务带来积极的增长，就成为团队经营管理活动中一个非常重要的课题。

有句俗话这样说："师父领进门，修行在个人。"团队新成员除了遵守团队的各项制度，还必须发挥自己的主观能动性，以一种积极的学习和参与的态度投入到工作中去，和团队的其他成员、领导共同为团队目标努力，同时进行积极有效的互动和沟通。新员工只有融入团队，才能成为团队中的主力和骨干。

团队领导要帮助新成员定期地与老成员进行沟通，了解工作进度以及遇到的困难和挑战，提供及时的帮助和支持，这是新成员保持良好积极工作心态的关键。如果新成员遇到的问题不能得到关注和解决，势必会影响他们的工作信心和态度。

团队要提高"可融入度"，要以开放的态度包容和接纳新成员，发扬积极向上的团队作风，激发大家对工作的热情，带动良性竞争，让团队充满正能量。

在当今竞争激烈的时代，团队要想发展，每个成员都要想团队所想，急团队所急，接受并认同团队的价值观念，在团队中找到自己的位置，认清自己的职责，为团队发展贡献自己的力量。

管理心言

如果团队只强调团队发展，忽视成员发展、成长，是行不通的。

建立团队文化

团队无论大小，都需要建立与其自身发展情况相适应的团队文化。

团队文化是指团队成员在相互合作的过程中，为实现各自的价值及团队共同目标而形成的一种文化，包含价值观、最高目标、行为准则、管理制度、道德风尚等内容。团队文化建设须通过宣传、教育、培训和文化娱乐、交心联谊等方式，最大限度地统一员工意志，规范员工行为，凝聚员工力量，为团队总目标服务。

1. 建立强有力的团队推动组织。

现如今，团队最高层次的竞争已经不再是人、财、物的竞争，而是团队文化的竞争。团队管理者越来越注重团队文化的建设和价值观塑造，团队文化正在成为团队核心竞争力的有力保障。

2. 选择多样化的载体形式。

团队要充分利用文化手册、员工手册、网络、宣传栏、广告牌、企业宣传手册、书籍和彩页、企业大事记、纪念庆典汇编、企业管理制度汇编、录像带、录音带、照片、电话、电子邮件等各种载体，通过纪念、会议、表彰大会（文化考核总结）、研讨、学习、培训、福利活动、内部的文娱体育比赛活动、对外各类交流活动、周年纪念日、节日庆典、爱心基金、文化宣传月活动、书面调查或访谈、新员工入职、轮岗、晋升培训等形式，全方位进行团队文化理念的宣导。

3. 把握团队文化推广的要点。

（1）高层带动。

作为团队文化的"建筑师"，管理人员承担着团队文化建设中最重要也是最直接的任务，管理者的一言一行都对团队文化的形成起着至关重要的作用，同时，推动团队文化实施管理者也要身先士卒，起到带头作用。

（2）全员参与。

团队经营活动的主体是员工，员工的理念和价值取向相互作用及融合形成团队的文化。团队文化并非只是管理者所创，应是整个团队的价值观和行为方式，只有得到全员认同，才是有价值的团队文化。因此，团队文化建设必须靠全体成员参与；如果成员不能认同文化，团队文化就形同虚设，虽然每个人看起来都很努力，但由于努力的方向不一致，所以整个团队的合力就会很小，在市场竞争中就会显得很脆弱。而要得到全员的认同，管理者应该创造各种机会让员工参与进来，共同制定团队文化。

（3）广泛宣传。

如果没有广泛的宣传和培训，是很难让人接受并认同一个新的理念的。团队文化应该从多渠道进行广泛宣传。比如，日常性经营例会、业务启动大会、经营管理专题会；关于使命、愿景等理念的标语、口号、文化墙的布置；年度功勋盛典、周年庆典等主题广泛、形式多样的仪式、庆典活动的开展；内刊、网站等文化传播的重要资源的开发，等等。在运用多种渠道进行宣传和阐释时，要注意进行统一的规划和部署，做到协调一致。对外文化宣传也应该保持统一，准确定位。

（4）机制配套。

"内化于心、外化于行、固化于制"，是团队文化"落地"的标志。其中，制度管理属于团队文化建设的中间层，是连接团队理念与实际工作的"桥梁"，是将团队核心价值观融入团队管理的有效途径，是保证团队文化"落地"的最直接、最有效的方式。团队要建立一套透明、规范的管理制度及配套的考评体系，奖罚分明，通过规范的员工行为落实团队文化。

4. "团队文化课程"的培训与学习。

进行团队文化培训的目的，是让团队的所有成员明白团队文化建设的意义和作用是什么，明白团队文化的特性是什么；是让团队的全体成员懂得团队文化建设与生产经营以及效益之间的密切关系，提高全员参与团队文化建设的自觉性；是让全体员工知道本团队所倡导的价值规范体系，理解其深刻含义，领会其精神实质，并将其与自身工作实践结合起来，从而强化全体员工对团队文化的接受、理解、传播与实践。同时，在培训过程中，通过各方人员的共同学习和交流，进一步丰富、完善企业文化的价值规范体系，进一步修订、完善团队文化战略和实施方法，切实发挥团队文化在团队建设中的作用。

5. 团队文化需要升级。

团队文化建设是一个长期的过程，需要经过一定时间的实践和不断完善才能完成。团队文化需要不断维护和发展，否则，其文化理念可能在各种因素的影响下发生一定的变化，甚至变得不再适用于团队的实际工作情况。因此，团队文化需要持续不断地建设、升级和管理。

团队管理者应定期对团队文化进行评估，为团队文化的可持续性发展提供指导。可以通过"员工反映——员工学习和提升——员工行为改变——组织绩效提升"等模式，进行团队文化的管理和评估。

通过团队文化评估比较现实与期望的差异，比较本团队与公司的差异，衡量团队文化与企业长期发展战略的适应性，以此建立科学合理的团队文化体系，促进组织和团队的腾飞。

在团队文化建设过程中，每个成员都应承担起相应的责任，团队文化的继承与创新是管理者和成员的共同使命。只有当团队所倡导的理念落实为制度并内化为成员行为时，团队的业绩才能得到不断提升，团队成员才能建立共同的愿景、使命、精神与价值观，并甘愿为之奉献，使团队得到发展壮大！而加强团队文化的建设对企业的发展有着不可取代的重要意义。

管理心言

要将团队核心价值观融入团队管理制度，这是保证团队文化"落地"的最直接、最有效的方式。

团队要实现最佳组合

一个团队是由各种角色共同构成的，每种角色的价值在于承担其分工所赋予的使命。团队管理者需要具有"伯乐"的眼光，准确而迅速地识别出每一个成员身上的特质，并将其安排在合适的岗位上。

团队最重要的作用是完成任务、达成目标。团队成员要有一起工作的能力和意愿，而将一个人放在其不能胜任的位置上，是个人和团队的共同损失。因此，管理者只有善于用人，使团队成员各司其职,才能创造出一个真正有凝聚力和战斗力的团队。

1. "用对人"的学问。

管理者的用人学问有哪些?归纳起来,主要有以下几个原则:

(1)任"才"不任"亲"。

举贤不唯亲,事业才能成功。日本有一家科研工业公司,该公司的董事长本田宗一郎在创业的第25年、时年60岁时,觉得自己应该"让贤"了。

本田宗一郎没有想过让自己的儿子接手自己的事业。他自有他的经营哲学:"家庭归家庭,事业归事业。"最后,他把这份事业交给了当时才45岁的河岛喜好。10年后,河岛又把"接力棒"传给了51岁的久末是志。

正是因为任"才"不任"亲"的用人原则,该公司一直发展壮大。

(2)敢于任用有才能也有缺点的人。

美国著名管理学者杜拉克在《有效的管理》一书中讲了一段很有哲理的话,他说:"倘若所用的人没有短处,其结果至多是不功不过。所谓'样样都是',必然没有特长。有些才干高的人,其缺点也往往明显,就如有高峰必有深谷,谁也不可能十全十美。"

团队管理者要敢于任用有才能也有缺点的人,帮助他们扬长避短,在合适的岗位上发挥出他们的优势。

(3)切不可"大马拉小车"或"小马拉大车"。

所谓"大马拉小车"就是小职位用了大才能之人。"大马"一旦拉起"小车"来,"车"就有被"颠覆"或"摧毁"的危险。"小马拉大车"则是重要职位却任用了才干不足的人,由于"小马"气力太小,所以会导致"车"无法前进。因此,"大材小用"或"小材大用"都是不利于团队工作的,"量才用人"是团队选人用人的明智之举。

(4)学会"放权"。

团队管理者要学会"放权",采取分级管理方式,对成员进行合理授权。这样一是可以调动各层级人员的积极性;二是可以客观公正地处理团队中出现的各种问题;三是可以有效协调员工之间的关系。

(5)善待员工。

团队管理者对员工千万不可太过苛刻,要站在员工的角度上看问题,切实维护员工权益,善待员工。

（6）重要的事要参与。

作为团队管理者，关键的技术、主要的客户、原材料和产品的购销网络等信息一定要参与进去，这是事关团队发展壮大的大事。

（7）充分发挥每个员工的潜力。

东芝公司的总裁土光敏夫曾打比方说，一个人如果认为自己可以担起100公斤的担子，就应该交给他120公斤重的东西。他甚至说，如果不对员工委以重任，将是一种"罪过"，因为那样就不能把员工最大的潜力激发出来。

所以，团队管理者如果尊重员工，就应该交其重任，激发他们的潜力和创造力。

2. 让每一个员工都有自己的位置——各尽其能，优化组合。

管理大师罗伯特说："没有不合适的员工，只有不合适的安排。"这句话用在团队中也十分恰当，那些影响团队合作的人并不都是"害群之马"，有时候他们只是没有适得其位，或者未尽其才。因此，管理者对不同类型的员工应该采取不同的应对策略，并且保证"处置公正"。

下面是几种不同类型的员工及其应对策略：

（1）"天才型"员工。

这类员工往往才华横溢，工作起来游刃有余，但他们也会因为工作中缺乏新的挑战而感到有劲使不上。对于这类员工，管理者应该让他们参与特殊的项目，或者做团队领导，加快职位轮换，使其不断地面对新的挑战。

（2）"沉默寡言型"员工。

这类员工能够应付大部分的工作任务，但是不会在团体会议上分享观点，也不会在团体项目中积极建言献策。管理者应该让这类员工与那些积极自信的同事合作，或者不断地给予他们更高要求的任务，激发他们的积极性。

（3）"抗争型"员工。

这类员工往往认为自己要坚持原则和管理层"抗争"，并且将其当作自己的职责所在。管理者应该在团队内公开解决这类员工提出的问题，维护团队内部的团结。

（4）"大材小用型"员工。

这类员工往往没有机会充分发挥其才能。对于这类员工，管理者应该重新考虑其岗位和职责，对其委以他任，能发挥其才能的岗位。

（5）"不堪重任型"员工。

这类员工或许是能力有限、或许是缺少培训，因而不能完全胜任工作。管理者应该将这类员工与那些"大材小用型"员工搭配，调整其在团队中的位置，安排他们做相应的工作，实在不行的话，可以考虑辞退。

总而言之，对于想要建立有高度凝聚力和战斗力的团队的管理者来说，应该给成员安排合适的岗位，这样才能够使团队发挥出最大的潜力。

世界上没有两片完全相同的树叶，任何事物都存在差异。同样，员工都有自己的个性、特长和工作方法，管理者只有让每个员工都发挥各自所长，才能使其各尽其能。

把员工放在合适的位置上，就能使他们发挥出最大的潜力，让团队效益大大提高。所以，管理者要学会用人，把合适的人放在合适的岗位上。

当然，对于一个团队而言，仅仅做到个人能力与岗位相匹配还不够，团队需要的是整体实力最优化而不是个人能力最优化。要实现整体力量最优化就要实行优化组合，使团队里的每个人都能够相互取长补短，实现最佳配合。

松下幸之助曾提出著名的"两个轮子"的管理哲学，其核心观点是："员工与管理者，是公司车上的两个轮子。只有两个轮子处于协调、均衡状况的时候，公司才能够生存、发展和繁荣，公司和员工也才能得到大效益。"他认为，一个企业、一个公司，一定要有协调的行动，不然只会面临失败。管理者的一个重要职责就是维持企业内部的协调，而要维持协调，就应该实行优化组合。

有这样一则寓言：

有一个人参观天堂，天使前去引导他，当他和天使走过一个房间时，看见里面有很多人，他们正手持长柄的勺子，围着一口大汤锅，抢着从锅里捞东西。但是因为勺子柄太长，这些人勺子里的汤都送不到自己嘴里。天使告诉那人："这里就是地狱。"

过了一会儿，他们走过另一个房间。这间房里也有一群拿着长勺的人围着一口大汤锅。但是与刚才那个房间里的人不一样的是，这个房间里的人都是从从容容地舀汤，然后用长勺互相喂食对面的人，其乐融融。"我们到了，这里就是天堂。"天使对那人说。

同样是用很长的勺子，同样是围着一口大锅，但是没有优化组合的结果就是谁也喝不到汤，而一旦大家相互配合，就都可以喝到鲜美的汤了。"天堂"与"地狱"的差别在于此，一个优秀团队和一个糟糕团队的差别也在于此。同样的团队人员，同样的团队资源，由于不同的组合方式，会产生不同的能量，从而创造出不一样的效益。

作为团队的管理者，要让自己的团队处于优化组合的状态。而优化组合这一原则的内涵有两个方面：

第一，针对员工个体而言，要让每一个人处在合适的岗位上，人尽其才，人尽其用，让每一个人都发挥出最大的潜力。

第二，针对团队整体组织架构而言，要让团队内部实现有机协调。在有机协调之中，团队获得的总的效益大于员工个体效益的叠加，这就是优化组合的效力。

团队管理者要做到让团队成员优势互补，使之产生协同效应，这样才能实现真正的互补组合。

管理心言

团队需要的是整体实力最优化而不是个人能力最优化。

创造团队好氛围

团队的核心因素是"人",因此,决定团队发展前景和管理水平的也是"人",影响团队核心竞争力的同样还是"人"……

"人"是多种需求的综合体,既需要物质上的满足又需要精神上的满足,因此,创造团队氛围非常重要。

工作是人生活中的一部分,工作不仅仅是为了赚钱,也是为了实现人生价值的平台。员工安心工作,视团队为自己的家,就能和同事友好相处,共同为团队做出贡献。

如何才能建设团队好氛围呢？从心理学角度来讲，好氛围是指人根本的、总体的需要能得到满足并产生愉快感觉。团队好氛围既要满足成员各方需求，又能让他们安心工作。

1. 营造温馨、和谐的人文环境。

员工是创造团队效益的根本，他们理应在付出艰辛劳动的同时享受良好舒适的工作环境。某公司的客户经理曾这样说："要是公司能营造出'家'的感觉，员工工作时便能发挥出最佳的状态。"

团队要让员工感受到亲情般的人文关怀，把团队营造出"家"的氛围。比如，为员工送上温馨的"生日祝福"，切实为员工解决实际困难，经常性地举办座谈会，听取员工心声等。

阿里巴巴创始人马云说："我认为，员工第一，客户第二。没有员工，就没有公司。只有员工开心了，客户才会源源不断地来。而客户们那些鼓励的话，又会让员工充满激情地去工作，这也使得我们的公司不断地发展。"

好团队会创造出让员工有家的归属感，这样他们才能满怀热情地把工作做好，从而为团队创造出更大的经济效益。

2. 建立合理的团队管理制度，积极开展团队文化建设。

一个团队如果不能让员工感到安心、愉悦，那还提什么工作效率、工作质量？团队只有让员工真正参与到团队的管理中去，使其成为真正"主人"，员工才会有强烈的团队归属感。

团队还应建立起科学合理的各项管理制度，比如，值班制度、岗位轮换制度、监督制度等。在制定规章制度时，应广泛征求员工的意见，避免出现"制度脱离实际，员工不愿执行"等现象。

团队要深化内部体制改革，优化团队内部工作流程，把团队经营发展战略与团队文化建设结合起来，把不断创新、与时俱进的文化理念贯穿到管理制度、工作标准、考评体系中去，并将其应用到团队管理过程中。

团队还应充分发挥文化创新的激励导向作用，广泛开展"学先进、树典型"活动，带动团队的学习风气，形成"你追我赶、团结协作、积极向上"的文化氛围。比如，不定期地举办岗位技能竞赛、拓展训练、文化培训、演讲比赛等活动。这些活动一方面会丰富员工的业余文化生活，另一方面会陶冶员工的情操，增强团队的凝聚力，为团队的发展注入生机和活力。

3. 建立有效、合理的薪酬制度。

合理的薪酬制度和灵活的激励机制，会让员工的薪酬和其贡献直接挂钩，激发员工的工作积极性。

团队应让员工真正感受到，团队的发展与其个人价值的体现密切相关。团队效益提升了，员工薪酬及福利待遇也会提升，这样能给予员工物质上的满足感，充分调动起员工工作的积极性和主动性。

4. 为员工提供良好的个人发展空间。

曾经有位员工这样说："如果工作能让我看到自身的发展前途，我的自信心就会大增，我工作起来就会心情愉悦，而且会事半功倍；相反，如果工作让我感觉前途迷茫，甚至我的个人发展构成了障碍，我就会选择离开。"

由此可见，团队的发展前途也是影响员工职业幸福感的一个重要因素。因此，管理者应该把团队的整体发展与员工的个人发展有机地结合起来，给员工以成长的机遇和良好的职业前景。

"海阔凭鱼跃，天高任鸟飞。"团队要为员工搭建公平、合理、公正的发展平台，真正做到"用人唯贤"，这样才能让团队焕发出勃勃生机。

管理心言

只有让员工真正参与到团队的日常管理中去，使其真正成为"主人"，员工才会有强烈的归属感。

增强团队团结

只有团队的所有成员做到团结一致,团队才是真正有战斗力的团队。

增强团队团结,要注意如下几点:

1. 注重结果和效率,而非出勤时间。

管理"技术型"员工时,不必严格规定出勤时间,除非涉及客户服务的时间覆盖问题(比如,必须在呼叫时间内提供足够的服务),对此类员工管理应该以结果为导向,设立明确的目标,比如让员工在一段时间之内拿出一定的成果，要求他们准时参加重要的会议并且在团队共同工作时间内随叫随到。

如果有必要，可为此类员工提供远程工作的工具，让他们自己管理自己的时间，这样做的目的就是告诉此类员工：团队信任他们。

2. 让成员各展其长。

确保团队成员都在各自擅长的岗位上，这点尤为重要。管理者应该评估自己的成员，并优化组合，以求每个人都能更好发展。如果有哪个员工不能在他的岗位上做出更多的贡献，就应该认真考虑对其岗位进行调整，以实现个人和公司的利益最大化。

3. 让成员投身于其热爱的项目。

让团队成员发挥所长的另外一种方法是：找到成员真正的爱好所在，并促使其将热情投入到项目之中。员工热爱工作，会把他们的热情转化为对学习和成长的强烈渴望，促使他们工作时全力以赴，拥有创新的强大动力。

4. 在最佳时机使用最佳人选。

公司遇到重大发展机遇时，管理者首先要思考谁是"领头羊"的最佳人选。除了寻找、挑选有能力胜任岗位的人或对岗位有热情的人之外，还需要关注那些有良好业绩的人。最佳人选的使用会使工作效率提高，有创新的创意。

5. 平衡挑战性目标和现实性目标。

管理者可以通过设定目标和督促员工定期汇报工作进度来建立绩效考核制度。但是要注意，目标不能定得不现实，否则，员工会认为自己无法达成目标。所以管理者必须定期重新评估目标的可实行性（至少一个季度一次），然后再决定员工是否需要减少或者增加工作任务。

6. 信任成员，并让他们切实感受到这一点。

员工需要保持积极的工作态度以实现最佳绩效。对此，管理层的责任是营造一种培养和鼓励创造力的氛围，让每一个成员知道你信任他们，你相信他们有能力解决问题并如期完成工作。

7. 避免公开责备成员。

任何一个团队，都会有遭遇困难的时候，都会有不尽人意的地方。遇此类问题，应该理性分析，找出失败的原因，从中吸取教训。如果是个人造成的严重错误，最好私下处理，让犯错者知道下次遇到类似事件应该怎么处理。管理者尽量不要在公开场合批评员工，否则，成员可能会因害怕犯错或想要逃避问题抵触管理者的管理。

8. 以正确终结项目来培养创新能力。

培养创新能力的重要一点，是看成员完成项目后的结果。有时，项目完成得不完美会暴露某些成员的弱点和缺点；但有时，即便是有最优秀的员工参与，项目完成也会不完美。所以，要正确对待终结项目及负责的员工，不能项目有问题一味指责成员，应鼓励成员完善或帮助成员完善，否则，员工会因过度规避风险而不愿意再负责新项目，或者不愿意再在管理项目时有大胆举措，这样会影响团队的发展。

9. 不要给出所有的答案，要培养成员独立思考的能力。

管理者不要"包揽"所有的好想法，要集思广益，培养团队成员独立思考的能力。

管理者应当在员工就某一问题讨论时给出相关信息，并询问该怎么做时，反问他们"你们是怎么想的"。这样一来，员工就会先自己思考，经充分讨论后提出建议，管理者不能做"保姆式"领导。

10. 与成员积极沟通，从而达成共识。

作为管理者，最主要的职责之一是与成员就工作进展和策略转换及时进行沟通，达成共识。管理者切忌在成员已经着手开展某项工作时，突然将原有的计划推倒重来，这样会严重影响成员的工作效率和状态。

如果计划有变，管理者一定要事先告诉成员，并让他们知道相关原因，允许他们表达自己的不同意见，鼓励他们将新的工作继续做好。

管理心言

所有团队成员需做到团结一致，团队才能算是真正有战斗力的团队。

团队情感激励艺术

团队情感激励，是指通过建立一套科学的机制与文化，激励员工积极主动、乐观开朗、满怀热情地工作。

情感激励也是一门艺术，如果没有以情感为主导的激励机制，一个团队也是走不远的。

那么，该如何科学地运用情感激励让员工快乐地工作呢？

1. 做好文化激励，培养共同的价值观。

团队要坚持以人为本，通过文化激励，培养成员共同的价值观。同时，通过榜样的激励、真诚地关爱员工、让成员有学习的楷模，培养员工形成正确的价值取向和行为准则，共建良好的团队文化氛围。

团队文化是一个团队在自身发展过程中形成的以价值观为核心的独特的文化管理模式，是一个团队的思想理念和行为方式的融合与统一。团队文化是团队的灵魂，是团队的软实力，是维系团队成员行为的无形力量，也是评价团队成员行为的隐形"标尺"。

通常，在一个优秀的团队中，团队成员会受到团队文化的无形激励，并进而丰富团队文化，补充团队文化。

2. 管理者要主动参与激励机制，增强员工的归属感。

团队管理者是带领成员完成工作目标的人，是最大程度激励和调动成员积极性的人。管理者要主动参与激励机制，这不仅是提高工作效率和效能的重要途径，也是对成员信任和支持的体现，可以有效促进个人和团队共同成长。

团队的发展，靠管理者，也靠员工，因此除了管理者参与制定激励机制，员工也必须主动参与，管理者应创造和提供一切机会让员工参与进来并听取他们的建议，吸收他们建议中对团队激励机制中有利的部分，让他们有团队归属感。

团队管理者在对团队进行情感激励时，具体要做到以下几点：

（1）增强决策的透明度。

管理不是"一手遮天"，不是独断专行。优秀的团队管理者要相信员工的聪明才智，要尊重员工发出的不同声音，接受员工的合理化建议，发扬民主作风，从而制定团队的各项制度。

（2）充分授权。

优秀的团队管理者应当知人善任，充分授权，最大程度地激发团队成员的才能。管理者要根据团队成员的能力、特长等委任岗位，放手授权，搭建平台，提供帮助，从而激发各成员工作的积极性，提高成员责任心，提升团队的执行力。

（3）共享发展成果。

共享发展成果是员工主人翁精神的最佳体现，也是提升员工忠诚度和凝聚力的最好方式。共享成果是一种有效的情感激励方式，能满足员工的自豪感、成就感、责任感、归属感。

实践证明，一个团队能否体现员工的主体作用，能否把员工当作团队的"主角"，是团队成功与否的重要因素。

（4）重视成才激励，提高忠诚度。

知识就是"财富"，人才是团队生存发展的"命脉"。团队要想成功，必须建立良好的选人、用人机制，通过优选人才提高员工的整体素质，增强竞争力。同时开展员工忠诚度活动，给员工创造更多忠诚团队的机会。

（5）建立良好的人才激励机制。

团队在选才用人上要做到公平竞争，任人唯贤。同时，还要注重员工的全面发展，最大程度地将员工个人的志趣、性格特点、价值观与业务工作相匹配，为其制订职业生涯发展规划，为其提供成长平台和发展机会，使工作成为激发员工热情工作的好平台。

（6）创建学习型组织。

团队要积极开展"创建学习型团队，争当知识型员工"活动，并将此培训视为日常工作，使人力资源向人力资本转化；大力倡导"全员学习、终身学习"理念；努力营造"人人是学习之才，处处是学习之所，天天是学习之时"的浓郁学习氛围；鼓励员工在学习中创新，在创新中提高，在提高中完善；使员工深刻体会到学习是团队提供的成长必经之路。

管理心言

激励是一门艺术,如果没有以情感为主导的激励机制,一个团队是走不远的。

团队成长依靠员工成长

团队的成长得益于员工的成长,所以,团队必须让员工先成长,员工成长的途径有多种,团队发展,搭建大的平台等,都是重要的方式。

团队要树立集体利益高于一切的团队宗旨,教育成员集体荣誉胜过个人得失,让员工意识到团队发展,个人才能发展;还要让员工学会担责,意识责任的重要。

诺和诺德公司是世界上最大的生物制药公司之一，也是世界上糖尿病治疗领域的尖端团队，员工总数达1.6万人，在多个国家设有子公司。该公司认为，人才培养是一个长期的过程，他们以独特的管理方式为员工创造了最佳的发展环境和发展空间，鼓励和帮助员工不断改革、创新，奖励勇于挑战并超越自我的员工，促进员工个人与团队事业的共同发展。

员工进入诺和诺德公司后，其直系领导会同他一起制订他的个人发展计划，比如，会询问员工的个人发展目标，包括今后是否想到国外工作、对专业技能的提高有什么要求、想做到什么职位等，并据此为员工设计、提供个人的发展空间。对于员工某些不切实际的想法，领导也会指出来，并帮其进行合理的规划。如果员工没有发现自身具有某种长处，公司还会对其进行多方面的考察，然后向其推荐具有挑战性的目标。

每个员工都想迅速发展，因此必须在团队发展的同时，跟上团队发展脚步，做到"小河有水大河满"。

"石油大王"洛克菲勒经常教导儿子要快乐工作。在给儿子的信中，他根据工作态度把人分为三类：第一类人把工作看作是负担和惩罚，因此经常抱怨工作、对工作牢骚满腹；第二类人把工作看作养家糊口的方式，因此没有任何激情，只是为了工作而工作；第三类人把劳动成果看作艺术品和个人成就，因此，抱着积极快乐的心态投入工作。

让员工快乐地工作是管理者的职责，也是团队的职责。一个称职的管理者不一定要有绝佳的专业技能，却一定要有让员工成长让团队发展的能力。如今，人才已成为团队最重要的资产，如何吸引并管理人才已越来越受到管理者的重视。

所以，团队管理者要抱着这样一个理念：给成员快速成长的各种机会，最大程度地激发成员的工作积极性，也让团队快速成长。

著名的西门子公司实施"员工综合发展"计划，以员工业绩和所具潜力为基础，系统地使用技术和管理培训、工作转换、国际派遣、职务提升等具体的发展手段，每年为员工制订短期和长期的职业发展计划，使员工跟上公司与时代发展的需求，员工潜能得到更大的发挥。同时，西门子公司还做好与员工的双向沟通，及时了解员工的新思路、新想法，了解他们对团队管理的反馈和要求。

团队运行机制的核心是对人的激励与约束，如果没有有效的激励机制、约束机制和发展机制，员工的积极性、创造性就得不到发挥，团队的发展也会受到极大制约。

管理心言

团队的成长得益于员工的成长，所以，团队必须让员工享受团队的成长果实，关注员工的个人发展，搭建团队与员工共同成长的平台。

发扬团队的荣誉感

很多人选择团队的首要条件是团队要有荣誉感。因此,要想建设一个真正有荣誉感的团队,就必须让团队成员人人有上进的心。

在自然界,有一种鸟,它们总是组成一个团队迁徙,它们不断变换队形,轮流承受气流的最大阻力。它们一边飞翔,一边鸣叫,激励同伴坚定地飞向预定的目标。如果群体中有一只鸟掉队,就会有几个同伴放慢飞行速度,与它共渡难关。它们行程数万里，成为长空中最靓丽的风景线。

这种鸟叫大雁，它们的精神，叫"大雁精神"，也是现代人最重视的团队精神。

荣誉感是人积极向上、建立功勋的强大动力，荣誉感是团队战斗力的重要来源。有荣誉感的团队是朝气蓬勃的团队，没有荣誉感的团队是没有希望的团队；有荣誉感的员工是敬业的员工，没有荣誉感的员工不会成为优秀的员工。

荣誉感是团队的"灵魂"，也是员工的"灵魂"，意义非同小可。每一个团队都应该对自己的成员进行荣誉感教育，每一个成员也都应该树立对岗位和团队的荣誉信心，包括对自己的工作引以为荣，对自己的团队引以为荣。要明确集体的荣辱与个人的命运息息相关，所以集体荣誉高于一切！

"神舟六号"发射成功靠的是航天英雄的巨大荣誉感和使命感。"神六"座舱只有9立方米，在这种极其狭小的空间内生活5天，对于普通人来讲，是一项几乎不可能完成的任务。然而经过严苛训练的两位航天英雄却在封闭式的座舱内度过了5个日夜，出色地完成了航天任务。

专家认为，一般情况下，人在进入局限空间前必须加以确认，其心理应先产生"动机效应"，即有一个信念支撑，否则，长时间待在封闭空间内对人的身体和心理的伤害是非常大的。倘若不是"飞天"的巨大荣誉感和使命感深植于两位航天英雄的心里，两人是很难完成这项任务的。

人无论从事任何工作，都必须依靠精神力量和内在动力去推动。

一个员工，如果认识不到荣誉的重要性，认识不到荣誉对自己、对工作、对团队意味着什么，又怎么能为团队争取荣誉、创造荣誉呢？

团队成员有了团队荣誉感，就会热爱团队，发挥主观能动性和创造性，表现出主人翁的责任感。团队成员有了团队荣誉感，会产生积极向上的强烈愿望，做到心往一处想、劲往一处使，形成一种合力，从而使团队更加具有凝聚力和竞争力。相反，如果成员对自己的团队缺乏荣誉感，团队就会像一盘散沙。所以，培养成员的集体荣誉感，是团队建设中事关成败的重要环节。

每一个团队都应该对自己的成员进行荣誉感教育，以唤起成员对自己工作的荣誉感，让成员感觉到团队以自己为荣，从而激发出无限的工作热情，在争取荣誉、创造荣誉、捍卫荣誉、保持荣誉的过程中，自觉地融入集体之中，获得更好的发展。

有荣誉感的员工，会顾全大局，以团队利益为重，绝不会为了个人的私利而损害团队的整体利益。他们知道，只有团队强大了，自己才会有更好的发展。

而争取荣誉的过程是成员团队意识的体现，好的团队鼓励自己的每一位成员都要有争取荣誉的心，并激发他们争取荣誉的信心和责任。

那么，如何处理好个人荣誉与团队荣誉之间的关系呢？答案是团队荣誉高于个人荣誉。

因为先有团队荣誉，才能有个人荣誉。荣誉是战斗力，是集体凝聚力的来源。爱因斯坦取得的成就很大，获得的荣誉也很多，可这位科学巨匠依然虚怀若谷，不断探索未知的真理，不断向新的科学堡垒发起进攻。在他眼里，荣誉会使人进步，也正是因为这样，他才更专心于科学研究，为整个世界做出了伟大的贡献。

团队在创造荣誉的时候，管理者要做到公正公平地评价每个成员所做出的贡献，只有在公平公正的前提下，员工才会正确看待并去努力捍卫荣誉。团队要给每个成员良好的发展空间。让成员都能在团队的平台上实现个人发展。

每个成员都有自己的长处，也会寻找表现自己的机会，更会自觉自愿地争取荣誉，保卫荣誉。

团队要捍卫已取得的荣誉，保卫荣誉，把荣誉传递给每个成员，让荣誉感持续存在于团队之中。

管理心言

捍卫荣誉，保持荣誉，把光荣传递下去，让荣誉感持续存在于团队之中。

尊重团队成员

团队管理者不能"把人当成机器",必须尊重每一个成员,并让成员感受到这种尊重。

通用电气公司曾面临一项需要慎重处理的任务——免除查尔斯·史坦恩梅兹计算机部门主管的职务。

史坦恩梅兹在计算机方面是个天才,但他担任计算机部门主管却很失败,因为他没有管理才能,导致部门内人员对他意见很大。公司在这件事上左右为难,后来,公司想出了一个好方法,给了他一个新头衔——"通用电气公司顾问工程师"。

史坦恩梅兹对新头衔十分满意,通用公司的高层人员也很高兴,因为他们用温和的方式调动了这位脾气暴躁的大牌"明星"员工,而且没有引起纷争。

在微软公司,尊重他人被放在首要位置,公司的每一个细节都体现出对员工的重视。为了给员工提供自由表达的机会,微软布置了个性化办公室,设立了弹性工作时间。而员工们既享受着企业提供的"福利",又各司其职与同事高度合作,通过不断创新来展现出自己的才华,对企业发展形成推动力量。

在微软公司,每一位员工都在为实现个人价值、追求顾客满意度和承担社会责任而不懈努力着。而尊重员工,创造"和"氛围,是微软高层对员工的"回馈",这种"回馈"为微软带来了强大的"软"实力。

可见,成功的团队管理者,都懂得尊重员工,并在一点一滴之中培养团队成员的幸福感。

团队在尊重员工、培养员工幸福感,可从以下几个方面做起:

1. 明白成员是自己的合作者。

团队是由大家组合而成,团队的管理者与成员应该是平等的。大家是彼此的合作者，无高低贵贱之分，应相互尊重，管理者对员工应一视同仁。

2. 随时肯定成员的成绩。

团队成员在工作中偶尔会出现一些小问题，如果管理者采取严厉责备的态度，就容易造成双方的对立，使员工从心里感觉到不平，甚至对日后的工作抱有排斥心理，充满"火药味"的工作关系迟早会爆发危机，所以，管理者要注意观察成员，随时肯定成员的工作成绩，多给员工正面评价，营造和谐友爱的团队氛围。

3. 给成员自己的时间。

大部分员工都希望上班时认真工作，下班后享受生活快乐，并不希望一天二十四小时都被工作捆绑。

管理者应该尊重员工的私人空间，在下班后尽可能避免让员工加班处理工作事务。

4. 尊重成员个体的差异。

团队成员可能有着不同的背景、性格和生活经验，管理者要尊重个体的差异并看到优点。好的团队能包容不同个性的员工，创造共同价值观。

团队管理者，要学习用不同的方式管理不同的成员，要尊重成员个体的差异，克服偏见，使团队更和谐。

5. 尊重成员的不同意见。

有些管理者不愿听取成员意见的原因是认为成员能力不足，其意见不具备参考价值，这实际上是个误区。成员能力稍弱或许是事实，但并非他们的每个意见都完全没有可取之处，实际上，成员的有些意见可能对团队发展有促进作用，或者可以让管理者通过这些意见去了解成员在工作中的心态及要求。所以，管理者要尊重成员并认真倾听成员的不同意见。

6. 尊重团队成员的选择。

员工有选择工作的自由，管理者要接受员工的选择，尤其正视员工辞职的问题，同时要反省管理团队是否有不足，为日后的工作提供借鉴。

管理者是团队的领航者，首先要做到以身作则。管理者身体力行，会对成员产生强大的榜样作用，成员也乐意服从和跟随。

管理者还需要具备较高的威信。威信度越高，成员就越服从、越信赖，严格落实领导的各项安排。

管理者还应培养成员的执行能力。工作是靠大家去完成的，只靠领导的执行力是不够的。所以，培养员工的执行力非常重要。

管理者要实现有效管理，适当放权，让员工有一定的工作权限，做到能管理自我。

任何团队发展，成员很关键，所以，让每个团员爱团队、接受团队、认同团队是管理者首先要做的事。

管理心言

尊重员工，并在一点一滴之中培养团队成员的幸福感。

团队管理 52 招

好团队是能打硬仗的团队，要打造好团队离不开好的管理者。下面52条简明提示，可以为管理者提供重要而实用的指导方法。

（1）切记，每位成员是团队一分子，都为团队做出了贡献。

（2）设定好团队目标，带领团员完成目标。

（3）帮助成员建立协作精神，互相支持。

（4）采取目标分段式，将长远目标划分成中、短期计划。

（5）为每个任务设定明确的开始、完成期限。

（6）寻找适合自己团队发展的目标。

（7）寻找成员共性与个性，优化组合。

（8）树立团队楷模人物。

（9）时时提醒成员"是团队的一分子"。

（10）制订利于团队发展的各项制度。

（11）增强团队凝聚力。

（12）把握"任人唯才"的原则。

（13）确立团队荣誉感、使命感。

（14）奖赏成员优异的表现，但绝不姑息错误。

（15）听取并尊重每个成员的意见。

（16）注重发掘各团员的潜能。

（17）对团员及时提供相应的培训。

（18）请不能胜任工作的成员退出团队。

（19）培养团队领袖人物。

（20）每日考核成员工作业绩。

（21）多方搜集有利团队发展的信息。

（22）聘请适合团队发展的顾问。

（23）多开展业务会战等活动。

（24）制定鼓励成员多做贡献的条例。

（25）肯定、赞扬和庆祝团队的每次成功。

（26）鼓励成员之间建立工作上的伙伴关系。

（27）培养具有技术型人才的人。

（28）确保团队和客户经常保持联系。

（29）给新成员融入团队打好基础。

（30）团队章程团员制定。

（31）对团队中存在的不合理制定加以改进。

（32）当成员之间发生冲突时，要尽快化解对立情绪，解决问题。

（33）在工作中穿插安排娱乐活动以调剂身心，这是每个团队成员应得的福利。

（34）实施"开门政策"，鼓励成员发现问题，提出问题。

（35）设立沟通场所，便于成员随时沟通。

（36）鼓励自由合作。

（37）确保团队所有成员都能及时了解团队动态。

（38）不在公开场合批评任何建议。

（39）确保每个成员都能适应自己的角色。

（40）公平对待每个成员。

（41）正面激励有助于激励团队士气。

（42）避免和团队成员有直接冲突。

（43）经常总结经验，与成员分享。

（44）及时奖励优秀成员，增强团队成员信心，激励成员再接再厉。

（45）成员可以采取轮岗方式。

（46）开检讨会时要避免人身攻击。

（47）每天结束工作时自问：团队今天是否又向着目标前进了一步？

（48）做严格要求的团队。

（49）多方注意与团队竞争的对手。

（50）寻找能推进改革的团队成员。

（51）每隔一段时间为团队成员做一次职业生涯发展评估。

（52）团队解散后仍要与团队成员保持联系，因为你可能还会与他们再次合作。

管理心言

好团队是能打硬仗的团队,要打造好团队离不开好的管理者。